目次

のみタイム 1杯目 パリッコ／スズキナオ

STAND BOOKS

家飲みを楽しむ100のアイデア

ッコ／スズキナオ／泡☆盛子／古賀及子／たけしげみゆき／玉置標本／山琴ヤマコ

がき　こんな状況でも、楽しい酒の飲み方はあるはず　5

001 人気のお取り寄せで飲んでみる
002 「オンライン同窓会」をしながら飲んでみる
003 家の備蓄庫から発掘したつまみで飲んでみる
004 普段飲まない酒を飲む
005 こんな時だからこそ、チェアリングしながら飲む
006 家だがピクニックする
007 ポップコーンを作って映画館気分で飲む
008 友達の話を心ゆくまでじっくり聞く

009 インスタントコーヒー焼酎を飲む
010 好きな酒場のメニューを再現して飲む
011 家にいながらにして二郎系ラーメンを食べて飲む
012 友人が決めたつまみを作って飲む
013 「コーン味」で飲んでみる
014 大きな魚を買ってきて数日分のつまみを仕込む
015 アイデアレシピを開発してみる
016 近所の店のテイクアウトで飲んでみる

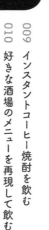

017 普段行かないスーパーに新鮮味を求めてみる
018 ココナッツの香りの力を借りて、海辺にいると思い込みながら飲む
019 地元商店街の惣菜で飲む
020 特定銘柄をひたすら飲む
021 初めて買ったCDを聴き合って飲む
022 同じつまみを用意して同時に食べながら飲んでみる
023 パリピの酒を飲んでみる
024 失敗したつまみで飲む
025 聞いたこともない酢でサワーを作る
026 簡単もやしレシピで飲む
027 『どうぶつの森』の中で飲み会をする
028 キッチンで立って飲む
029 小さな香港で飲む
030 レゴで飲む
031 雑草を摘んでつまみにして飲む
032 自分だけの「ひとりオンライン飲み会」をしてみる
033 慎重を期して外で飲み、家飲みの安心を実感する
034 『志村けんのだいじょうぶだぁ』を観ながら飲む
035 ノンアルコールビールに焼酎を足して飲む
036 シメの釜めしを用意しつつ飲む
037 見たことも聞いたこともない食材のフルコースで飲む

038 懐かしのファミコンソフトをクリアするつもりで飲む
039 マティーニを作る
040 酒屋でいちばん高いビールを飲んでみる
041 謎の韓国土産を想像で作って飲んだ
042 新幹線に乗ってるつもり飲み
043 薬湯にたっぷりつかったあと、風呂上がりの一杯を飲んでみる
044 離島の図鑑『シマダス』を読みながら飲む
045 ひとりで塊肉を焼いて飲む
046 5、6個コレクションを見せ合って飲む
047 皿洗いで飲む
048 リレー小説を書きながら飲む
049 エクレアをつまみにグリーンラベルを飲む
050 温泉水で割って飲む
051 谷口菜津子さんの考えた「お恥まみ」を味わいながら飲む
052 街で集めた飲み屋の「自称」たちを眺める
053 VRの焚き火を見ながら飲む
054 ラーメンスープを作りながら飲む
055 外でラーメンを食べながら飲む
056 「牛もつ煮込み」を作ってみる
057 手品を見せてもらいながら飲む

058 しいたけの命を奪って飲む
059 ストーンプレートに盛りつける
060 純粋に「酔い」と向き合ってみる
061 いろんな器で飲んでみる
062 IQテストを受けながら飲む
063 「概念お絵かきしりとり」で飲む
064 「いちばん高級なメニュー」で飲む
065 みりんを割って飲む
066 オンラインのボードゲームで遊びながら飲む
067 果物を使って作った酒を飲む
068 家飲みを野良飲みに近づける「ベランダ芝リング」
069 楽器を持ち寄って即興セッションをしながら飲む
070 折り紙で飲む
071 家飲み向上グッズあれこれ
072 替え歌を考えながら飲む
073 「おつまみは300円以内で」と決めて飲んでみる
074 はじめてのオンラインカラオケ飲み
075 懐かしい酒を飲んでみる
076 日記を書きながら飲む
077 虚無のつまみで飲む
078 家庭菜園の初歩の初歩で飲む
079 コンビニかけ合わせグルメで飲む

080 知らない人の歌を聴いてスナック気分で飲む
081 渡し船に乗って旅気分で飲む
082 好きな「缶チューハイ」と「コンビニおつまみ」
083 田舎に帰った気分で飲む
084 あの日の給食メニューで飲む
085 「バカレシピ」で飲む
086 水を酒だと思って飲む
087 Googleストリートビューで疑似旅行をしながら飲む
088 アメリカにいる友達と飲む
089 虹を見ながら飲む
090 黒と白のビールを割りながら飲む
091 豆腐を心の底から味わって飲む
092 「あの頃はよかった」と感傷的に飲む
093 同じ一日を振り返りつつ飲む
094 松ぼっくりを眺めながら飲んでみる
095 赤ちゃんをあやしながら飲む
096 天啓を受けてアレしたチーズで飲む
097 「気をつかわないで済む」を楽しむ
098 「冷蔵庫の中からムービー」を撮り合って飲む
099 今日はあえて飲まないでみる
100 それぞれの「酒の裏技」

あとがき　とにかく酒が好きということは、よりはっきりしました　110

ラズウェル細木　酒場の隅隅　唐辛子&山椒の容器　112

夢眠ねむ　夢眠ねむのミニ缶日和　最近ハマっている「チメク」で飲もう！　114

清野とおる　「アレ」でコロナに勝った（気がした）話　116

今野亜美　これ飲んだら本気出す。　最強のテイクアウト飲み。豚の珍味で一杯。　120

香山哲　将来の集落　その6割は水　122

平民金子　東出町の魯山人　平民金子味道　「サッ」と「ポロ一番」　126

イーピャオ　豆記事アソートパック　128

メテオ　僕の腸　130

1杯目CONTRIBUTOR　131

デザイン：戸塚泰雄（nu）　装画：石山さやか　ロゴ：スケラッコ

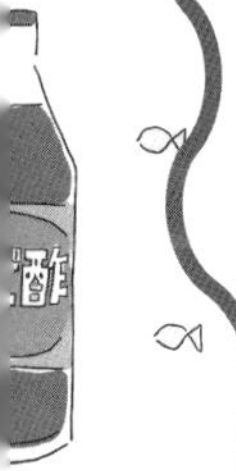

家飲みを楽しむ100のアイデア

新型コロナウイルスの感染拡大が世界的に進み、未だに収束の見通しは立ちません。私たちの生活も様々な面で変化を余儀なくされました。それでも、毎日は続いてゆきます。そこで、この日常をなんとか前向きに、楽しいお酒で彩ろうと、アイデアを出し合うことにしました。2020年の前半、私たちはこんな「のみタイム」を過ごしていました。

イラスト：ノセレーナ

㋫：パリッコ　㋤：スズキナオ
泡：泡☆盛子　古：古賀及子
㋟：たけしげみゆき　玉：玉置標本　山：山琴ヤマコ

※掲載している価格・メニュー表記は訪問時のものです。

まえがき

こんな状況でも、楽しい酒の飲み方はあるはず

パリ　いやしかし、想像もしていなかった時代に突入したなと。

ナオ　そうですね。そもそもこの『のみタイム』を作ろうという話がスタートしたのは、1年以上前でしたか。

パリ　でしたね。

ナオ　それぞれが好きな酒場とか気になってる酒ムーブメントなどを追いかけて雑誌にしたい！　ってね。

パリ　のんきに。いや、当時はのんきじゃない。めちゃくちゃ熱い想いだったんですが。

ナオ　まさか、普通に居酒屋で飲むことが夢のように感じられるようになるとはー！

パリ　誰も予想できないですよね、こんなん。ただ、実際そういう事態になってみると、みんなWEB飲みをやり出したりとか、いろんな新しい楽しみ方も見出されはじめていて、そういうことに勇気づけられたりもします。

ナオ　うんうん。とにかく日々、生きていかなければならないわけですもんね。そのなかで息抜きを考えて。

パリ　最近の自分、ちょっと息抜きすぎな気もしてますけどね。逆にもう、何かと飲んじゃう。

ナオ　はは。そうなんですよね。それはそれで気をつけないと。

パリ　酒好きなサラリーマンなんか、テレワーク中についつい飲んじゃうみたいなこと、ある気がするもん。

ナオ　あると思います！

パリ　気が滅入るし。

ナオ　冷蔵庫は近いし。

パリ　だからといって僕ら、みんなでグダグダに酔っぱらってすべてを忘れようよ～と発信したいわけではなく。

ナオ　こうなったら、今しか作れない雑誌にしたいと方向転換したんですよね。

パリ　うん。圧迫感のある日々の小さな救いとして、酒を飲む楽しみくらいはあってもいいだろうと。

ナオ　少しでも知恵を絞って楽しく過ごせないかという。

パリ　夜の町に飲みに行けなくたって、酒の楽しみ方はいろいろあるはず！

ナオ　そんな実践の記録を、今から一冊にまとめてみようと思っています。

パリ　別にそれを真似してくれなくてもいいから、自分なりの楽しみ方を見つけるのは楽しいよって、少しでも思ってもらえたらという、いつものスタンスではあるんですが。

ナオ 「あの時期、あんなふうに飲んでたなー」って、いつか事態が収束したあとに懐かしく思えたらいいな。

パリ 「家でばっかり飲んでたよね〜」ってね。というかもしかしたら、この対談を事態が収束したあとに読んでる人もいるかもしれませんが、今、家でばっかり飲んでるんですよ！ マジで。

ナオ 信じて下さい！

パリ はは。「どうせ飲み屋でしゃべってるんでしょ〜」。居酒屋やってないから！ 数少ない営業中の店も19時ラストオーダー。

ナオ そう。しかも、2020年4月7日に東京、大阪他7都府県に対して出された「緊急事態宣言」が、5月末まで延長されると。今日5月4日、会見があるんでしたっけ。

パリ これが、さらに1か月続くことになるらしいと発表されるのが、まさに今日。

ナオ 飲食業界の方々にもまたまた大きなことですね。我々もだけど。

パリ 売り上げがなくて助成金がなければ、家賃払えないの当たり前ですからね。

ナオ 当たり前です。

パリ しかも今、ゴールデンウィークですよ？ 新幹線の利用者がいつもの95%減とか、みんな苦労しつつも我慢してる。

ナオ 本当です。

パリ 実際、好きな店が少しずつ閉店しはじめてて、中野の「ブリック」っていう老舗のバーも……。

ナオ うんうん。知らせを目にしました。

パリ すっごく雰囲気よくて、なのにトリスのハイボールが200円で飲めたりする、本当にいいお店でした。

ナオ 悲しい。

パリ 目下、そんなすさまじい状況です。

ナオ こういったことがどこまで広がっていくかわからないけど、とにかく乗り切ろう、それしかないという。

パリ 先が読めず、いつまで続くのかがわからない今がまさに、いちばん不安な状況ですよね。

ナオ うん。ストレスもたまってくるし、もう私も胃腸が弱ってますよー。でも、そんな時だからこその息抜きアイデア集として読んでもらえたら嬉しいっていう感じですね。

パリ そうです。こんなくだらないことやってても許されるんだという。誰が許してるのかしらないけど。

ナオ はは。とりあえずこの雑誌の中だけは、ほろ酔い空間というか。

パリ 『のみタイム』だけはね。

ナオ そんなふうに楽しんでもらえたら幸いです！

(パ)(ナ)

001 人気のお取り寄せで飲んでみる

1952年、香川県丸亀市に誕生した「一鶴（いっかく）」。オープンで焼き上げる骨付鳥が名物で、カウンターたった7席だけの小さな店だったのが、今や全国に9店舗を構える人気店。とはいっても、僕は一度も行ったことがないんだけど、以前からその噂を聞いて憧れていた。

先日、妻が「一鶴」のお取り寄せが大人気らしいと教えてくれた。ホームページを見ると、確かに全国発送に対応しているようだ。こういう機会にお取り寄せで憧れの名品を味わってみる。いいじゃない。と、注文してみることにした。

オンラインショップの商品一覧には、「おやどり」（1043円）、「ひなどり」（924円）、「とりめし」（477円）の3種類があったので、それぞれひとつずつ注文。通常は4営業日くらいで到着するようだったが、現在（執筆時）は人気で注文が殺到しており、到着までに20日ほどかかるそうだ。そのじらされ感もいいじゃない。

注文したのは5月6日。忘れた頃の5月22日、一鶴から発送連絡のメールが来る。いよいよ2日後に商品が到着するらしい。よ〜し、明後日は骨付鳥祭りだ〜！　と、俄然テンションが上がる。

ついにやってきた5月24日。それぞれ立派な箱に入れられた「おやどり」「ひなどり」「とりめし」が到着。取り出してレンチンするだけで食べられるとのことで、かなりお手軽だ。せっかくなので冷凍庫で凍らせておいたジョッキにキンキンのビールを注ぎ、いざかぶりついてみる。

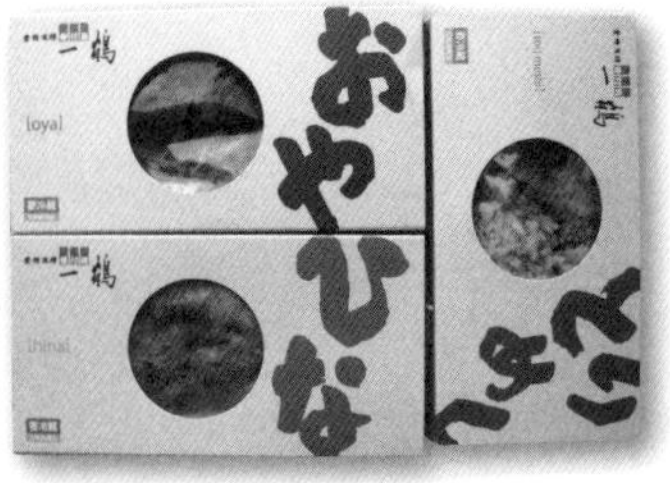

まずはひなどり。スパイシーで濃いめの、酒が進むことこの上ない味つけ。そして、ふっくらと柔らかい食感。いわゆる「みんな絶対好きなやつ」だ。ごくごくとビールを飲めば、もはや言うことなしの幸福感。皿にはうま味がたっぷりと詰まった肉汁がたまっており、妻が用意しておいてくれたザク切りのキャベツをそれにつけて食べるのがこれまたうまい。

お次のおやどりがさらに衝撃的だった。あらかじめハサミで切り目を入れてあるのは、そのハードな食感ゆえだろう。ものすごく噛みごたえがある。が、むしろそこがいい。さらに、鶏のうま味がものすごく濃い。あきらかに、これまでの人生で食べてきた鶏のなかでトップクラスだ。ビールがなおさら進む進む。これ、いつか絶対に店でも食べてみたいな。

シメのとりめしが、これまたものすご〜くうま味が濃く、なおかつ優しい味わいで、その日はものすごく幸せな気持ちで眠りにつくことができた。（パ）

002 「オンライン同窓会」をしながら飲んでみる

ここ最近、「オンライン同窓会」という言葉をちらほらと見聞きするようになった。なるほど、現実の同窓会だったら誰か言い出しっぺが面倒な役を買って出て、会場をおさえ、招待の連絡をあちこちにして、出欠の返事を取りまとめ、といろいろと手間がかかる。しかし、オンライン飲み会全盛の今となってみれば、言い出しっぺが言い出しさえすれば、誰がどこに住んでいようと簡単に同窓会が開催できてしまうのである。なにせ家にいながらでいいので、一日の全部をそれに捧げる必要もない。開催時間中に少しだけ顔を出すといったことも可能だろう。と、ここまで書きながら思ったが、「空いた時間にちょっとだけ」と言っても、そのために着替えたり、髪型を気にしたり、化粧したりしなくてはならない。オンライン上でとはいえ、久々に多くの同級生と顔を合わせることになるわけだから、ハードルの高さを感じる人もたくさんいるだろう。

幸い、私にはまったく気をつかわずに顔を見せ合える中学校の同級生がふたりいる。彼らとは長いつき合いで、一緒にバンドを組んで今でも活動しているので「同窓会」という感じでもないのだが、この機会に中学生時代のことを語り合ってみるのもいいんじゃないか。

そのようなわけで、中学時代の同級生ふたりと私、計3人でオンライン同窓会を開催してみることにした。「今日はなんなの?」「同窓会をしてみたくてね」「なんで?」とふたりとも怪訝そうにしているが、「とにかく3人が同じ中学校で出会った頃について語り合いたいんだよ!」と、納得してもらった。

友人の手元に卒業アルバムがあるというので、それをみんなでモニタ越しに見ながら話す。「○○ってやつ、今、税理士やってるらしいよ」「えー! そうなの。ちょっと賢そうな顔してたもんな」「○○って、あの子とつき合ってたんじゃないっけ? あの、○○さん」と、話し出してみれば思い出が芋づる式に現れる。懐かしいクラスメイトの名前が友人の口から飛び出すだけでおもしろい。「ああ、いたいた! ものすごい背が高いやつ」「俺、あいつの家に遊びに行ったことあるよ」と、片っ端から思い出していくだけで時間がどんどん経っていき、気づけばだいぶいい具合に酔っていた。(ナ)

003 家の備蓄庫から発掘したつまみで飲んでみる

世の中が緊急事態に突入すると、決まって出てくる「買い占め」問題。実際、今回のコロナ騒動下でも、初期はティッシュやトイレットペーパーが連日品切れ状態で、東京都知事が都民に対し自粛要請をした週末には、パスタやインスタントラーメンなどの棚がすっからかんになっていた。花粉症である僕は、毎年100均で30枚入りの使い捨てマスクをたくさん買って自由に使っていたが、今年のマスクの相場はケタが違う。

冷静に考えれば、物流がストップしない限り、買い占めなどしなくても大丈夫なことは理解できる。が、空になったスーパーの棚を見て焦り、買い占めに走ってしまう人々の気持ちもわからなくはない。現にしばらくの間、必要な分のトイレットペーパーの入手には苦労したし。

ところで、スーパーなどでお買い得な缶詰やレトルト食品を見つけるたび、僕が「備蓄用に」と買っては貯め込んでいる我が家の備蓄庫。あそこが自分でも把握し切れていない。賞味期限が切れてしまったものや、間近なものが結構ある気がする。そこで思った。こんな時こそ、買い占めるより前に、備蓄庫を整理するのが先決なんじゃないか⁉ と。

そこで、備蓄庫整理晩酌を実行に移した。「赤ワインカレー」、「スイートコーン」、ホテイの「からあげ」、3種類の缶詰を用意し、ベランダにコンロを出して、焼き網をのせ、その上に並べてグツグツと炙る。俗に言う「缶ベキュー」だ。赤ワインカレーには玉ネギのスライスを、スイートコーンにはバター醤油をプラス。ちびちびとつまみながら飲み、それぞれが残り少なくなったら、台所からご飯を持ってきて、すべてをその上にぶちまける。シメは豪華な具沢山カレーというわけだ。これが思いのほか楽しく、わずかではあるけれど、断捨離的な気持ちよさも感じられるいい家飲みになった。

その後、そろそろ食べてしまったほうがいい冷凍食品を闇鍋風にしてみたり、少しずつ中身の残ったまま存在が忘れられかけられている瓶詰め類を具材に、餃子の皮でおつまみピザを作ってみたりしたけれど、毎回楽しい。㋩

004 普段飲まない酒を飲む

たまに近所のリカーショップに買い出しに行く。いつもなら甲類焼酎の特大ペットボトルと、それの割り材として炭酸水やホッピーを買って帰るだけなのだが、ふと、いつも行かないコーナーへ足を踏み入れてみた。

ワインやウイスキーなどがあれこれ並ぶ洋酒コーナー。私はそれらの酒にうとく、どれがどういう味なのかもわかっていない。たとえばテキーラはどうだ。テキーラコーナーには、当然だがいろいろなテキーラの瓶が並んでいる。何が何やらまったくわからない。わからないからこそ、この機会に味わうのもおもしろいか……。そう思ってなんとなく手に取ったのが「オルメカ」というテキーラブランドの「ブランコ」だ。古代文明っぽい瓶のデザインに惹かれ、よくわからぬまま購入して帰宅。

しかしこれってどう飲むものなんだろう。アルコール度数は40度。テキーラには樽の中での熟成期間に応じて「ブランコ」「レポサド」「アネホ」など呼び名が違って、今回買ったのはいちばん熟成の浅いものらしい。試しにひと口そのまま飲んでみると、カァーッとくるあと味に「ああそうだ」と思う。クラブでたまに誰かにおごってもらって一気に飲むやつだ。なんでああいう時はテキーラなんだろう。キュッと飲み干してライムをかじったりして、ちょっと自分が悪い大人になったみたいで好きではあるが、いつになっても慣れない。とにかくこれは、ちびちび飲む感じでもないな。

そこで、とりあえず冷えた炭酸水で割ってみた。うん。だいぶ飲みやすくはなったけど、私が飲み慣れないせいか、このままだとキツい。ショットにライムが添えられてくるように、柑橘系の果汁を加えるべきか。冷蔵庫を開けてみたが、残念ながら柑橘類はない。でも、ショウガならある。ショウガを刻んで入れてみればスーッとした味わいが加わっていいんじゃないか。さっそく試してみる。ライムみたいにグラスのふちにショウガの塊を引っかけてみたり。

さて、刻みショウガを加えたテキーラ炭酸割り。これが結構うまいのだ。ライムに負けず劣らず相性がいい気がする！　大発見じゃないの？　と思っていたら、そもそもテキーラをジンジャーエールで割って飲むのって基本中の基本みたいだった。なーんだ。

(ナ)

005 こんな時だからこそ、チェアリングしながら飲む

「チェアリング」とは、折りたたみ式のアウトドアチェアを持って屋外を歩き、思い思いの場所にその椅子を置いて座り、酒を飲んだりボーッとしたりして過ごすという行為のこと。パリッコ、スズキナオの酒ユニット「酒の穴」のほんの思いつきによって2016年に雑誌の一企画として生まれ、その後、思いがけず広く知られていくことになった。

当初は「いつも行く居酒屋もいいけど、椅子ひとつあれば屋外だってこんなに気持ちのいい〝酒場〟になるんだ！」というアイデアとして楽しんでいたものだった。しかし、新型コロナウイルスが世界的に流行し、「不要不急の外出を控える」という要請が出たり、それが解除されても、県境をまたいだ移動はしにくかったりと様々な制約のなかに生きることになった今、改めてチェアリングに可能性を感じている。「ステイホーム」が叫ばれる時はベランダで、遠出が無理なら近場の誰もいない場所で、と臨機応変に楽しめるチェアリングについて、ふたりで語り直してみた。

外出自粛の時代に改めてチェアリングを

パリ　この間、『散歩の達人』2020年6月号で、チェアリングの取材をしてもらったんですよね。それをきっかけに考えたことが結構あって。

ナオ　ね、私も一緒に取材してもらいました！

パリ　外に出ることを控えようという時代に『散歩の達人』っていうタイトル。逆境にもほどがある。

ナオ　散歩ができない時代がまさか来るとはね……。

パリ　でもその逆境をはねのけてというか、様子を見つつ、可能な範囲でやっていこうということで「ご近所さんぽを楽しむ」というテーマで丸ごと一冊。

ナオ　あれ、すごくよかったですね。真の「散歩の達人」は、こういう状況でも楽しみを見出せるんだっていう。

パリ　達人は伊達じゃなかった。

ナオ　取材を受けて光栄でした。僕たちはベランダチェアリングと、慎重に配慮しつつご近所チェアリングをするというので、それぞれ東京と大阪で実践してみた。

パリ　依頼を受けた時点で「チェアリングなんてのんきなことをやっている場合だろうか？」という葛藤はあったんですよね。

ナオ　ありましたよね。4月ぐらいでしたもん。

パリ　でもそこで気づいたんですけど、広い公園の中の本当に人のいない場所って、本当に人がいないんですよね。

ナオ　そうそう。誰もいない場所ってあ

りますね。日陰がないとか。特に眺めがよくないとか。

パリ　うんうん。

ナオ　でも幸いチェアリングって何もない場所と相性がいい。

パリ　そうなんですよ。元からそういう場所を選んでやっていた。しかも、自分が持参した椅子に座るわけで、公共のものに一切触らずに過ごせるし。

ナオ　そうです。だから実は今の時代にすごく向いてるのかもしれない。

パリ　恐る恐るやってみて、それに気づきました。

ナオ　お互い他にも取材を受けたりしていて、改めて注目されているような気がします。

ベランダはどんな時でも裏切らない

ナオ　まず、ベランダチェアリングですが、外出ができない時期の息抜きとして最高でしたね。

パリ　この『のみタイム』の原稿を書いている期間にもどんどん状況は変わっていって、1か月前は本当に、「数日に一度の買い物以外の外出は言語道断！」という雰囲気でしたよね。だから、本当に毎日ベランダにいた。

ナオ　「天気がよくても家の外に出られない」と、そうなるとベランダ。ここなら誰にも迷惑をかけない。どんな状況でもベランダだけは裏切らない。

パリ　もっとも安全な外。

ナオ　そもそもベランダチェアリングって究極に楽でしょう。トイレ近い、台所近い。

パリ　飲み物も冷え冷え。

ナオ　料理もアツアツ。

パリ　それでいて、まじでかな〜り気持ちいいですよ。

ナオ　外気を浴びながら酒を飲めるというだけで本当に気分がいい。ちなみに、ベランダがないという方や狭いという方がいたら、窓辺に座るという手もある。

パリ　窓を開けちゃう。とにかく外気を浴びる。で、アウトドア用の椅子に座る。

ナオ　風と酒と椅子。これだけでかなり気分がいいです。

パリ　今後生きていてどんなことがあるのか。もしかして、それすらできないような未来がやってくるのかわからないけど、かなり最後まで選択肢として残りそうな、気分のいい過ごし方です。

ナオ　そうですね。少なくともここ数か月はすごくそれに助けられた。

「おつまみ弁当」を持参するのも楽しい

パリ　で、自粛が少しずつ緩和されていくだろう今後に関しても、どうやらすごく向いているアクティビティらしいぞと。

ナオ　ベランダはもちろん、外に出てチェアリングをするにしてもまず、大勢ということはないでしょう。間隔も自由に開けられるし。

パリ　今までは、荷物は極力少なく、現地のコンビニやスーパーで調達するのが望ましいと言っていた酒やつまみですが、なるべく慎重にと、家でお互い「おつまみ弁当」を用意するスタイルでやってみたんですよね。これが思いのほか楽しい。

ナオ　「やる気のないピクニック」ぐらいの温度感で。

パリ　はは。決してやる気はないんだよな。ピクニックだと、気合い入れた持ち寄り合戦になるけど、ひとりならね。

ナオ　誰にも見られませんからね。

パリ　買い物のついでに買った100円ローソンの200円の「ひじきご飯弁当」でもいい。

ナオ　それを「おつまみ弁当」と言い張ってね。チェアリングのよさは、やる気がなくてもいいところと、機動性の高さですよね。「小雨が降ってきたぞ」ってなったらサッと撤収できる。

パリ　最低ラインが地面ほど低いです。

ナオ　「飽きた」「寒い」「暑い」「蚊に刺されてかゆい」。

パリ　はは。わがまま野郎。

ナオ　そういう時にすぐ別の場所を探したり帰れたりするのがいいところ。だから例えば近所の広場に座っていて、ちょっと混んできたなと思えば、空いている場所にまた移動すればいい。

パリ　そうなんですよね。「費用対効果」って言うんでしょうか、いや「気合対効果」が、異常に高い。

最近のお気に入りチェアは？

パリ　今、ご時世のせいか、飲食店の屋外席設置の許可基準を緩和したり、ますます時代がチェアリング寄りになっていきそうな予感もあります。

ナオ　そうですね。露天で風通しのいい場所をみんながどんどん求めそう。

パリ　そっちのほうが安心なんだもんね。

ナオ　今、いちばん気兼ねなく飲み食いできるのは外ですもん。

パリ　今までチェアリングする時は「周囲の人々に不快感を与えない」が大前提でしたけど、むしろ「あ、いい間を取ってるわね」なんて、おばあちゃんに微笑まれるような。

ナオ　ははは。「感心な若者がいるなー」みたいな。一気にいい行いになってね。

パリ　「あんなに人のいない場所に座って意識高いわねぇ」って。

ナオ　町中のみんなが微笑みかけてくる。ちなみに、パリッコさんが最近気に入っ

ている椅子はありますか？

パリ　この期間に椅子をひとつ衝動買いしたんですよ。僕らがいちばんよく使っている「ラウンジチェア」タイプなんだけど、足が1／3くらい短くて、座面がかなり地面に近い。これがね、足を投げ出しても、あぐらみたいにしても、めちゃくちゃリラックスできて最高で。

ナオ　いいなー！　ひじ掛けはあるタイプですか？

パリ　ある。しかも、足が短い分、若干コンパクトで軽いんですよ！

ナオ　そうか。持ち運びしやすいんだ。

パリ　これ、今後も積極的にチェアリングに使っていきたいなと。

ナオ　確かに、これからのチェアリングは「ガッツリやるぞ！」っていう感じじゃなく、より持ち運びやすい椅子がいいのかもしれないですね。

パリ　ナオさんが保冷バッグに入れて持ち運んでるダイニングセットもね。

ナオ　はい。保冷バッグの中に100円ショップで買った踏み台と、同じく100円ショップで買った畳めるクッションを入れていて、踏み台にクッションをのせるだけでいい椅子になるんです。

パリ　テーブルは？

ナオ　テーブルも100円ショップで買った折り畳み式の台。

パリ　その3点でセットですもんね。

ナオ　そうそう。100均チェアリングセット。

パリ　ひとりぐらしの貧乏学生に朗報。

ナオ　ははは。おすすめですよ！　仕事帰りでも100均さえあればそれを買ってチェアリングして帰れますからね。

パリ　「あ！　今日したい！」っていう時にね。

ナオ　そうそう。急なチェアリング欲に。

パリ　急な雨にビニール傘。急なチェアリングに100均3点セット。

ナオ　ははは。強くおすすめしたい。

のんきにチェアリングをはじめた頃は思いもよらなかったが、人と人との密な距離感が避けるべきものとなり、広々とした場所にできる限り少人数でいることがよしとされる時代になった。もちろん一刻も早く距離など気にせずみんなでワイワイ語り合える日が来て欲しいと願うけど、とりあえずまだしばらくの間、チェアリングが私たちの貴重な息抜きの手段になってくれそうな気がしている。

ちなみに、チェアリングには守るべきマナーがある。もし実践しようという方がいたら、以下の点に御留意いただければ幸いです！

・装備はなるべく手軽に。
・騒がない、周囲を汚さないことはもちろん、街には酒を飲んでいる人間を見るのが嫌な人もいる。「市井の人々に威圧感を与えない」をモットーとした場所選びを。
・また、新型コロナウイルスの感染拡大の防止に配慮し、適度な距離間で、ひとりあるいは少人数で楽しむ。　㋫㋤

006 家だがピクニックする

ピクニックが好きで執着していたころがある。20代のやってやろうという心意気があった時期で、古いアメリカ映画に出てくるようなピクニックを目指した。

参考にしたのは確か『Hot-Dog PRESS』的な雑誌のピクニック特集だ。座るのはビニールシートではなく布の上、チェックのしゃれた柄なんかが最高で、けれどこういうのは芝の上に敷くとじっとり湿るので下にビニールシートを敷く。

紙コップやプラコップはいけない。グラスを持参する。グラスがあれば皿はプラスチックでもなんとかなるが、やはり陶器のがあるといい。カトラリーもできればシルバーがいいだろう。バケットを切る小さなまな板とナイフも必要で、それらをまとめてぴったり籐のピクニックバスケットに収納できれば完璧だ。

家で酒を飲む特集で急に外で飲むことについて熱く語ってしまったが、どうだろう、こうしてみると、ガチのピクニックというのは、野外に屋内を再現することに他ならないではないか。グラスや陶器の皿を使う、ナイフやまな板もある。それは家だ。

そんなら最初から家でピクニックをすればいいじゃないかと、ピクニックを手放して十数年を超えた今やってみた。

居間にチェックの柄の布を敷く。家は湿り気がないのでビニールシートを下に敷く必要がなく楽だ。隣室の台所から皿に盛ったつまみとフォークやナイフも持ってきた。あ、シャンパンを買い忘れた。飲み物はプレーンチューハイでいいか。

やっていることとしては自宅で飲んでいるだけだけど、座布団もなくただ布の上に座る床の少しゴツッとした座り心地とテーブルを使わない不便さ、この2点だけでずいぶんピクニックの気分にはなった。

傍らにはエアコンとテレビのリモコンがある。Fire TV Stick もある。クーラーを入れてテレビをつけてNetflixを観た。最高か。

さて、しゃれたピクニックにはもうひとつ、いちばん大事なポイントがあるのだった。それは、靴を脱いで布の上に上がってはいけないということだ。靴ははいたまま足を外に出すのが洋画っぽいピクニックの再現における鉄の掟である。かつては連れてきた友人が靴を脱いでしまった時にどう声をかけて履かせるかがいちばんの懸念事項だった。

その点、室内では靴に気をつかわなくてよいのも完璧だ。

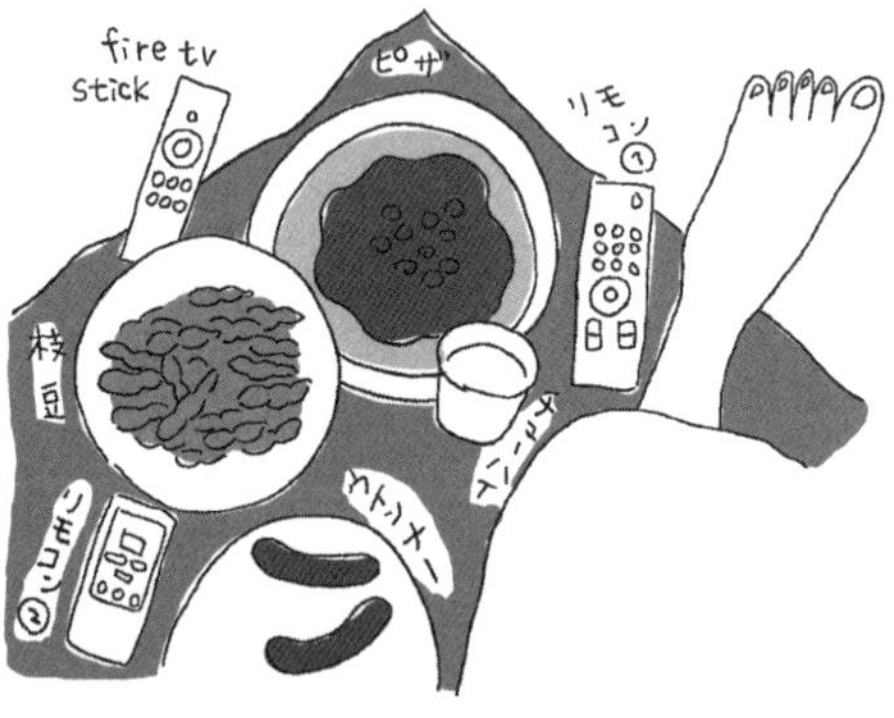

㊢古

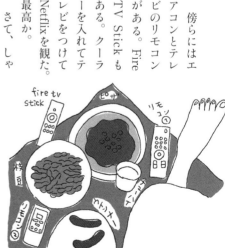

007 ポップコーンを作って映画館気分で飲む

映画館で、私は絶対ポップコーンを食べる。ポップコーンを食べに映画を観に行くようなものだ、とすら言える。いちばん大きいサイズの塩味のを買って、ひとりで猛然と食べ切る。予告編が終わって、序盤あたりで食べ切って、あとは寝てしまったりするから、もう本当にただポップコーンを食べに行ったようなものである。それぐらい好きなのだ。

　そのポップコーン、映画館に行かなければ食べられないというのはもどかしい。コンビニで売っているのもたまに買うけど、ああいう既製品じゃなくて、できたてのやつじゃないとダメなんだ。それで数年前に思い切って買ったのが「ビタントニオ」というキッチン家電メーカーの「ポップコーンメーカー」という製品である。

　大きめのスーパーや通販などで購入できる「ポップコーンの種」をこのマシーンに投入し、タイマー式のダイヤルを回せば、あとは勝手にポップコーンが湧き出てくる。超単純な機械である。しかし、ぐるぐると回転しながら加熱されていくポップコーン種が、ある瞬間にポム！ポム！　と小気味いい音を立てながら弾け、一瞬にして真っ白なポップコーンになっていく様は何度見ても感動する。

　家で映画を観る時はポップコーンを事前に作る。ライター仲間の泡☆盛子さんが、京都の綾部市で農業を営んでいる友人からもらったというポップコーン種を、私に分けてくださった。その種を使って作ってみた。ポップコーン種はすごく安くて、通販では1kgで300円台などという価格のものも見つかる。1kgで50人分ぐらいのポップコーンができる。私はいつも安物を買うのだが、農家から分けていただいた種からできたポップコーンは、あきらかにいつものものと違う味わいだった。風味に深みがあるのだ。塩で味つけせずとも食べられるような。

　そのポップコーンをバリバリほおばりつつ映画を観るつもりだったのだが、うますぎて大きめのボウルに入れたのを一気に食べてしまう。まだ映画は開始早々で、誰が誰で、どういう話なのかもまったくわからないのに、2度目のおかわりに立っている。「美味しいポップコーンがいくらでも食べられる環境だとかえって映画に集中できない」、ということがわかった。

㋤

008 友達の話を心ゆくまでじっくり聞く

オンライン飲み会は楽しいけど、リアルな飲み会とはやっぱり全然違う。よけいな要素が全然ないのだ。運ばれてきた料理に話が中断されることも、隣席から下世話な話が聞こえてくることもなく、シンプルに相手と会話しつづけるのみ。こうなったらもう、気が済むまで話し込んでみようではないか。友達の生い立ちから最近のことまで、モニター越しにじっくり聞いてみるのだ。

そう思い、私が所属するバンドのメンバーのひとり「トミータくん」にいろいろ聞かせてもらうことにした。長いつき合いになるわりに、ちゃんと向かい合って話をした記憶はあまりない。

「まず、生い立ちから聞きたいんだけどさ」「そこから!?」と笑いながら、幼少期の話や家族の話を聞く。海外に長期出張していた父のこと。父不在の家庭をハイテンションに盛り上げた母のこと。兄弟のこと。音楽系の専門学校へ進み、卒業後、当時全盛だったケータイ電話の「着メロ」を作る仕事をしていたこと。聞いていくうちに、友達の生きてきた時間が脳裏に次々とイメージされていく。こんな機会がなければずっと聞けなかったかもしれない話ばかりだ。そう思うと、今、こういう時間が与えられたことに意味があるように思えてくるのだった。(ナ)

009 インスタントコーヒー焼酎を飲む

ちょっと意識の高い飲み屋で近年よく見るようになった酒に、「自家製コーヒー焼酎」がある。コーヒー豆を直接漬けこみ、その香りを抽出した焼酎。これをロックあたりで飲むと、香ばしい香りとともに、砂糖を加えていないのに不思議にしっかりと感じる甘みが口に広がり、かなりおいしい。ほぼストレートの焼酎なのに飲みやすすぎるのが危険なほどだ。

それで、以前僕も家で作ってみたりしたことがあるのだけど、作ってすぐには飲めないうえ、うっかり漬けすぎると苦味が出すぎてしまったりして、まあまあ手間がかかるので、2回くらいやって以降は作らなくなってしまった。

ところが何年か前、酒飲みの先輩のひとりが教えてくれたのが「インスタントコーヒー焼酎」で、これに感動した。なんと、コンビニなどで売っている小さなプラカップの焼酎に、水でも溶けるスティックタイプのインスタントコーヒーをサラサラと加え、フタをしてよく振って混ぜるだけ。これがけっこうバカにできないくらいにきちんとコーヒー焼酎なのだ。というか、バカ舌の僕にははっきりいって違いがわからない。

　最近は、大袋のインスタントコーヒーを家に常備し、晩酌の時に作ってよく飲んでいる。（パ）

010 好きな酒場のメニューを再現して飲む

　酒飲みとしての物心がついてから初めて、2か月近く酒場に行っていない。特に恋しいのが、多い時は週の半分以上通っていた「たつみ」（京都・四条河原町）というぶし銀酒場だ。壁を埋める短冊メニューは100品近く。色あせて端がくるりと丸まった古株と、筆跡もまだみずみずしい新顔が混在し、眺めているだけでも余裕で1、2杯は飲める。あぁ、懐かしや短冊愛で酒。募る想いをかたちにして、まずはリモート宴会の背景を以前撮った店内の写真にしてみた。画面に映る自分はたつみで飲んでいる！　これにはかなりコーフンした。ならば、好きなメニューを再現すればさらに擬似たつみを堪能できるのではと、「季節のおひたし」と「ねぎま天ぷら」（焼き鳥用のねぎま串を揚げたもの）を自作。おひたしはダシをけちったため残念な結果だったが、ねぎま天の衣に包まれた鶏肉を食べた瞬間に「あ、たつみだ！」と思った。辛子醤油がしみた衣もまたたつみだ。初めて頼んだ日のことや、辛子は多めがええでと教えてくれた店の人の顔を思い出す。行きたい。やっぱりたつみに行きたいよ。再現には成功したけれど、恋しさはより激しくなった。心おだやかに再訪できる日がただただ待ち遠しい。（泡）

011 家にいながらにして二郎系ラーメンを食べて飲む

　尊敬する先輩ライターのひとりに玉置標本さんがいる。珍しい魚を釣りに行ったり、食べられる野草を土手で探して食べたり、ワイルドな人なのだが、手回し式の〝製麺機〟という機械に魅入られ、大量にコレクションしていたりもする。趣味が多いのだ。

　玉置さんは製麺機の世界に没頭するうちに麺作りの楽しさにも目覚めることになり、麺を作るってことはラーメンをはじめとした麺料理そのものもこだわりを持って作るようになって、と、だんだん深みにハマっていった。

　その玉置さんが、東京・三田発祥の一大ラーメン勢力「ラーメン二郎」のラーメンを自分なりに再現したものを自作して私の家に送ってくれた。二郎系のラーメンというのは、ニンニクがきいて豚の脂の甘さがたっぷり溶け込んだスープにごわっと太い麺が入っていて、その上に分厚いチャーシューと山盛りの野菜がのったようなものである。食べたら胸やけするようなことも多いのだが、無性に食べたくなる時がある。そしてワシワシと箸でかき込めば、パーッと脳内にハッピーな物質が広がるような快感があるのだ。

　関東には支店もたくさんあり、二郎系ラーメンを独自に解釈して出す「二郎インスパイア」と呼ばれる店まであったりして、選択肢がいろいろあるのだが、大阪にいるとなかなか食べる機会がないから本当にありがたい。

　東京へ行けるのははたしていつのことやら、というこの日々のなかで送られてきた「家二郎セット」、本当に嬉しい。クール便で届けられた箱の中には、玉置さん手作りの麺、ペットボトル入りのスープと味付け用の「カエシ」と呼ばれる醤油ダレ、そして豚肉の塊と脂が入っていて、スープと豚肉と脂を加熱して醤油ダレとあわせ、麺を茹で、そこに自分で用意した茹でもやしをドサッとのっければ完成だ。

　これがもう、ひと口食べて「ああ……」としばらく放心してしまうほど、本当にちゃんと二郎のラーメンなのだ。スープも麺も豚肉も、完全にあの味。当分は食べられないかと思っていた大好きな味を、こうして遠隔で食べさせてもらえるなんて！　感激で涙が出そうになる。家なので、好みのこってり度合に加減できるのも嬉しいし、脂っこいスープをチューハイで流し込む爽快感も味わえる。玉置さん、これ、ちゃんと許可を取ってデリバリーラーメンサービスをはじめたらかなり流行るんじゃないだろうか。　(ナ)

012 友人が決めたつまみを作って飲む

飽きた。ひとり暮らしゆえ、次は何を食べるのか100%わかっている状況にはっきりと飽きた。そこで、「友人に我が家にある食材を伝え、おつまみを一品考えてもらう祭り」を開催することにした。来たれ、未知の味。突然神輿を担がされることになったのは、私が酒の名手と崇める4人の方々。まずは、アボカドの穴にあらゆるものを詰めたり枯れたごはんを記録したりと探究心旺盛なパリッコさん。そして、好物のラーメン以外は霞をつまんで生きているのではないかと勝手に想像しているスズキナオさん。それから、自炊や郷土食をテーマにした著書・連載を多く持つフードライターで、日々自作されているおつまみは店レベルの白央篤司（はくおう・あつし）さん。最後は、関西屈指の料理カメラマン、ハリー中西さん。一流料亭からラーメン店まで関西中の料理を知り尽くすが、自炊はしない派だ。この猛者たちに在庫食材と調味料の全リストを送り、数分~2日で返ってきた答えが実に素晴らしかった。

写真手前右・パリッコさんの〈とうふキムチ〉。「牛肉とキムチを炒め、たっぷりの焼肉のタレを絡めて豆腐にかける」というのは、韓国酒場で気に入り、自らも再現したレシピのアレンジだそう。自分ではめったにしないパワフルな味つけが新鮮で酒が進む。手前左・スズキさんの〈バインミー〉は、まさかの主食。「さっき、テイクアウトの〝全部入り〟を食べておいしかったので」とのことで、ナンプラー味の豚ミンチ、チリ風味のエビ、鴨ささみ、野菜をサンド。バインミーを自作するという発想はなかったなぁ。でもうまーい。奥右・白央さんの〈鶏ハムと夏野菜と豆のタイ風サラダ〉。ナンプラーとレモン果汁だけで現地の味になったのと、和食専用だった水煮大豆がこんなふうにも使えることに驚いた。この夏リピートしまくりたい爽やかな酒泥棒。奥左・ハリーさんの〈づけ釜玉うどん〉には五島うどんを使用。「熱々の麺にバターを絡め、だし醤油に半日漬けた卵黄をのせてちびちび潰しながら食べる」。テーマは〝まだまだ飲ませる麺〟だそうで、この夜はその通りに飲みすぎた。

自分では思いつかない品々が出揃い、祭りは大・大成功。自炊ライフに風穴が空いた今、次は私も誰かの神輿を担いでみたくてたまらない。泡

013 「コーン味」で飲んでみる

神奈川県の山の中にある友達の実家に遊びに行った時、採りたてのタケノコの刺身を出してもらったことがある。鮮度がいいから生で食べられるらしいそれは、まるでとうもろこしのような甘い香りがした。また、数年前にちょっと背伸びをして行った和食屋で「とうもろこし豆腐」というのが出てきて、それが感動的にうまかった。以来僕の中には、「美味しいものはコーン味」という謎の格言が定着している。

そう思って世の中を見てみると、「コーン味」の商品ってかなり多くないだろうか？　最近、そういうものを見かけるたびに買ってみては、酒のつまみにしている。そのいくつかを紹介。

「コーンポタージュ」

初めて食べてそのまろやかなうまさに驚いて以来、いちばん好きなスナック菓子と公言している。厳密にはコーンポタージュではないのに、パッケージで言い切ってしまってるところも憎めない。

「とうもりこ」

最近コンビニへ行くとかなりの確率で見かけ、「みんなとうもろこし味が好きなんだから」と思わせられる。塩分を控えた自然な甘みで、本当にゆでとうもろこしのような味がしてお見事。シャクシャクとした独特の食感もいい。

「ばかうけ　焼きとうもろこし味」

ばかうけを名乗ってはいるものの、でかい柿の種のような感じ。かなり甘いコーン風味と醤油のしょっぱさで、一瞬「本当に新鮮な柿の種ってこういう味がするのか⁉」と勘違いしてしまったほど。

「ポケチキ　コーンポタージュ味」

ファミリーマートのホットスナックコーナーにあるチキンナゲット的な商品の、期間限定味。食べるとふんわりとコーンが香るが、主張はそこまで強くなく、味のメインはチキンナゲット。が、このジャンルでコーン味に挑戦した心意気は高く評価したい。

「もろこし寄せとうふ」

最近スーパーで見かけ、こんなにも理想的な商品があったとは！　と感動してしまった一品。食べてみると、まず豆腐自体が大豆の味が濃厚でおいしく、そこにふわりとコーンの甘みが加わってしまうのだから、もう最高。「おとうふ工房いしかわ」という会社が作っており、公式ホームページを見てみると、本社のある愛知県には直営レストランまであるらしい。いずれ行ってみたいな。（パ）

014 大きな魚を買ってきて数日分のつまみを仕込む

時間のある休日、魚屋でちょっと大きな魚を丸ごと1尾買って、数日分のつまみ計画を練ってからさばくのがおもしろい。大きな魚といってもマグロとかサメを丸ごと買えという話ではなく、マダイ、キンメダイ、スズキなど、重さでいえば1kgもあれば十分楽しめる。もし売っていれば、イシダイ、アマダイ、ヤガラなども積極的にセレクトしたいところ。ゆっくり食べるので鮮度が命の青魚よりも、熟成が楽しめる白身魚がベターだが、ピンときたものを直感で選べばOK。鮮度のいい旬の魚を目利きしてみよう。さばく自信がなければ魚屋でプロにやってもらえばいいだけだ。

例えば日曜日にマダイを1尾買ってきたとする。当日は刺身、2日目は昆布締め、3日目はかぶと煮、4日目は干物風塩焼き、5日目は味噌漬けと計画を立てようか。まず下処理として鱗と内臓を出すのだが、もし白子や真子（卵）があれば、これも大事に取り出して、茹でてポン酢でいただこう。鮮度がよければ肝もうまい。

頭を落としたら二枚に開き、背骨のない側を背と腹にサクで分ける。脂のある腹は当日の刺身に、背側は2日目の昆布締めに。面倒だったら両方刺身にして、熟成による味の変化を楽しもう。頭はエラを取ってよく洗い、軽く塩を振ってキッチンペーパーに包んで保存し、3日目のかぶと煮に。骨のある側は骨ごと切り身にして、半分は強めに塩をしてキッチンペーパーを替えながら保存。4日目にはうま味が凝縮された干物風の切り身になっている。残りの半分はみりん少々で溶いた味噌とビニール袋に入れて、五日目に味噌をぬぐってホイル焼き。塩焼きも味噌漬けも骨についた肉がうまい。

これはあくまで一例であり、中骨で出汁をとって汁物やラーメンにしてもいいし、頭を中華風に蒸すのも盛り上がる。白ワインが飲みたければ身をオリーブ油で焼いてもいい。調理計画を立てて切り分けておけば、毎日の調理はとても簡単。もちろん急な仕事で晩酌ができなかったり、うっかり肉を買ってきたりすることもあるだろうが、どうせ食べるのは自分なのだ。臨機応変に対応して、痛む前に食べ切ろう。冷凍したってOKだ。これを隔週1回でもつづければ、1年後には魚料理名人を自負できることだろう。（玉）

015 アイデアレシピを開発してみる

友達の酒飲みには、普段、家ではそんなに飲まないという人も意外と多いけれど、僕は晩酌も大好きだ。急ぎの締切とか、翌日の健康診断とか、そういった障害がない限り、外に飲みに行かない日は是が非でも晩酌をしたい。つまみを自分で作るのも大好きで、日々スーパーへパトロールに行き、「今日は何で飲もうかな〜」なんてニタニタしている。つまり、酒とつまみにめっぽう意地汚い、まったく粋でない酒飲みなのだ。

そんなことだから、突然珍レシピのアイデアが浮かんでくることも多い。例えばネットの記事か何かで、「アボカドの種をくりぬいた穴に海苔の佃煮を入れて食べるとうまい」なんて情報を目にすると、なるほど確かにうまそうだと思う。が、そこへ詰めてもっとうまい食材はないのか!? と、俄然気になり出し、片っ端から試したくなってくる。また、例えばそれを、定期的に記事を書かせてもらっている『デイリーポータルZ』というサイトのネタにしてはどうか? と思いつき、担当編集の古賀及子さんに連絡すると、その企画がくだらなければくだらないほど、「いいですね!」ということになる。感覚的には「今度の記事、アボカドの穴に……」「詰めましょう!」くらいの意思疎通のスムーズさだ。珍レシピ開発を趣味にするものとして、こんなにありがたい環境があるだろうか? そこで34種類の食材をえいやっと穴に詰め比べた結果、ベスト3に輝いたのがこちら。**バニラアイス**、**タバスコマヨネーズ**、**トムヤムペースト**。

特にバニラアイスは、騙されたと思ってやってみて欲しい。ウイスキーなんかとの相性抜群なので。

そうやって試行錯誤しながらオリジナルおつまみを考えるのはいつでも楽しいし、個人的なヒット作が生まれてしまった時など、天にも昇る心地となる。僕がこれまで考えたなかで、最大のヒットは**酒蒸し法**かもしれない。というか厳密には、僕が考えたわけではなく、以前ふらりと入った居酒屋に**鶏の酒蒸し**なるメニューがあり、「あさりなら聞いたことあるけど……」と、物珍しさから頼んでみると、これがものすごくうまかった。それで、家に帰って、鶏だけに限らず、様々な食材をフライパンにフタをして日本酒を注いで蒸してみ

ると、なんでもおもしろいほどうまくなる。野菜と肉を一緒に蒸してしまってもいいし、最後にめんつゆを絡めれば一瞬で照り焼き風にできるなど、アレンジの幅も広い。まずはお手頃な鶏もも肉あたりで、ぜひお試しあれ。

　ダジャレ的なノリで思いついた**しょっパフェ**は、パフェグラスに好きな酒のつまみをパフェ風に盛りつけるだけというもの。パフェグラスを持っていなければ、家にある適当なグラスで充分。いつも食べているイカの塩辛も、普段と違った盛りつけで食べるとなんだか楽しい。ちなみにこのしょっパフェ、「映える」という理由から、インスタグラムにタグができて若い女性がオリジナル作品をアップしたり、TVの情報番組で取り上げられたりと、予想外の盛り上がりを見せ、考えた本人としては思わず笑ってしまった。

　プレーンチューハイにいろいろな生野菜を、モヒートにおけるミントのような感じでプラスして飲んでみたところ、まさかの**春菊ハイ**が、マスカットのような爽やかさで絶品。

　羽つき餃子ならぬ「羽つき○○」をあれこれ試していたら、実体のない「羽」だけを自由に作れるくらいに熟練し、さらにそこにしらすとチーズを加えてみたら、究極にクリスピーで、その軽やかさが酒のつまみに向きすぎている**羽ピザ**が生まれたりもした。

　鍋で「モチしゃぶ」をやろうと思ったら、引き上げる前にモチが溶けてしまい、スープが特濃とんこつラーメンのような見た目になった。それを利用し、牛乳を煮立たせてコンソメなどで味をつけ、好きな具材と、モチをひとつ放り込んでおくと勝手にホワイトシチューになるという**モチポタシチュー**も発見だった。

　炊飯時、米の上に駄菓子をあれこれ入れて「駄菓子炊き込みご飯」を作り比べたら、**あたりめ炊き込みご飯**があまりにも絶品のいかめしになり、作った自分が驚いてしまったなんてこともある。

　でき合いのものやレシピを参考に作る料理はもちろん美味しいし、失敗もないけれど、こんなふうに試行錯誤しながらおつまみを作ってする晩酌というのは、たぶん一生やめられないくらいに楽しいものだ。（パ）

016 近所の店のテイクアウトで飲んでみる

買い出しついでに近所を少し散歩してみると思ったより多くの飲食店が営業していて、どこもテイクアウト販売をはじめている。「テイクアウトで持ち帰ったものをおつまみにしながら飲んだら楽しそう」と思いつつ一旦帰宅して、後日改めてそのつもりで家を出た。最寄り駅のそばに去年突如オープンした「バインミーウィン」というお店。ここなんかいいんじゃないか？

「バインミー」とはベトナムのサンドイッチのこと。この店は、ベトナム人の店長が本場の味に仕上げたバインミーを提供する店で、店の外に掲げられたメニュー写真を見ると、どれも美味しそうな上に400~500円台のものが中心でリーズナブル。おつまみになりそうなサイドメニューがあれば期待したけどそういうものはなく、バインミーのみの店らしい。「まあいいか」と、メニューのなかから、焼き豚や牛肉が入った「とくべつ」というのと、「ベトナムハム」というふたつのバインミーを選んでオーダー。ついでにメニューにあった「ベトナムビール」もと思ったが、これは店内で飲食する人用のものでテイクアウトはできないとのこと。残念。

店内を見回すとおしゃれで小ぎれいな空間。住宅ばかりであまり活気のない駅前にこんなお店ができていて、しかもこれまで利用せずにいたなんて、と今さらながら後悔する。

さて、持ち帰ったバインミーと、一緒に買ってきたチリソース、そしてジョッキ入りの自家製プレーンチューハイを用意して優雅な昼飲みのスタートである。

まずは「とくべつ」からかぶりついてみよう。全部入りの「スペシャル」という意味合いなのだろうけど、ひらがな4文字で「とくべつ」ってなんだか素敵だ。まず、外側がカリッと硬めのパンがそもそもおいしい。むしゃむしゃとパンを噛むと、パクチーとナンプラーの香りが口の中に広がり、肉汁たっぷりのやわらかい鶏肉の身がその存在を主張してきて……うますぎる！　スパイシーな牛肉、日本のハムとは違った風味のハム、歯ごたえのいい野菜もたくさんサンドされており、ひと口ごとに新鮮な味わいだ。要するにバインミーって「いろいろな酒のつまみをパンで挟んで食べやすくしたもの」なんじゃないか？　チューハイとの相性も抜群だった。㋤

017 普段行かないスーパーに新鮮味を求めてみる

自分で晩酌のつまみを作るのは趣味のひとつで、昨今の生活における最大の喜びでもあるけれど、駅前の決まったスーパーいくつかをローテーションしているだけだと、どうしてもマンネリになる。いや、もっと真面目に料理の本なんかをあれこれ読んでレパートリーを増やしていく努力をしなさい、と言われればそれまでなんだけど、僕は別に料理上手になりたいわけではなく、その日その日に目についた「今日はこれの気分！」って思える食材を最低限美味しく調理して、早く飲みはじめたいだけなのだ。そこで、自宅から自転車で行ける範囲内なら、不要不急の遠出には当てはまらないだろうと思いついた。調べてみると、自分で思っていた以上に、一度も行ったことのないスーパーってあるもんだ。

まずは、家から自転車なら10分くらいで行ける、「業務スーパー」へ。売っているもの何もかもが、異常に安いか異常にでかいかのどっちかで、いきなり刺激を受けまくる。100g48円の鶏むね肉と業務用っぽい焼鳥のタレで、家焼鳥をしてみよう。一度も食べたことのない料理かもしれない、瓶入りの「ボルシチの素」も買ってみよう。それから、近所のスーパーでは見かけない「直球勝負」なる缶チューハイも。その日の晩酌は、それはそれは新鮮な気持ちで酒を飲むことができ、とてもよく眠れた。

これまで、年末年始にだけ隣駅にある実家の車で親と買い出しに出かけるスーパーだった「魚屋 シュン」。ここも、そういえば自転車で行ける距離じゃないかと気づいて行ってみた。その名の通りなんだけど、鮮魚系に強い、まるで市場のように巨大な店。青緑色の卵を抱いた大量の刺身用甘エビが安い。自宅のまな板の上にあることが想像できないほど珍しい形をした「コウイカ」も、1杯丸々のを買ってみた。

家に帰り、甘エビはそのまま食べられるとして、コウイカはさばかなければいけない。そこでネット検索すると、今はこんな珍しいイカのさばき方でも、YouTubeなどに動画でいくらでもアップされている時代だと知った。おかげで難なくさばけたコウイカと甘エビの新鮮な味わいのおかげで、その日の晩酌も記憶に深く残るものとなった。㋩

018 ココナッツの香りの力を借りて、海辺にいると思い込みながら飲む

2年前の夏に引っ越しをした時、窓の外に新緑の景色が見えることに一目惚れし、今のマンションを選んだ。それ以来、夏になると、リビングでよく冷えたビールを飲みながら、こんな想像をするのが好きになった。

ここは伊豆下田あたりの海辺の別荘。窓の外の木々を越えてゆくと、すぐに美しいビーチにたどり着く。時たま通り過ぎる車の音も、海沿いの道を軽快に走るオープンカーだったりと思い込む。大好きなかせきさいだぁのアルバムを小さくかけ、ゆっくりゆっくり、丹念に想像していけば、けっこう本気でそんな気がしてきて、酔いとともに全身がバカンスモードにほぐれてゆく。別に、窓から緑が見えることは必須ではない。きっと今これを読んでいるほとんどの読者さんの家には、窓くらいあるだろう。そこから、青い空を眺める。その先にビーチが広がっている。そう想像するだけでじゅうぶんだ。

今年、ふと思い立って、「ガーネッシュ エアフレッシュナー」という、ココナッツの香りのスプレーを買った。ちょっとヤンチャな友達の車の中や、夏の海辺でふと香るあの匂い。部屋でワンプッシュしてみると、想像のしやすさが格段に飛躍した。 (パ)

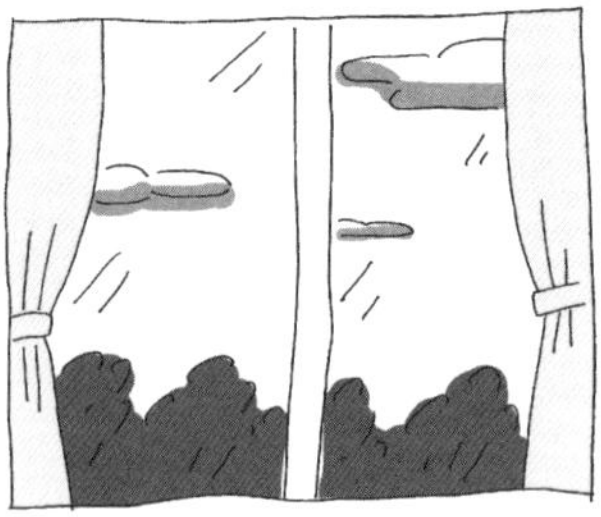

019 地元商店街の惣菜で飲む

地元の、駅からそんなに近いわけでもない住宅街の中にぽつんと、小さな商店街がある。個人商店がいくつかあるだけの寂しい通りなんだけど、その雰囲気が好きだ。その中の1軒に、「藤木商店」という鶏肉専門の精肉店があり、手作り惣菜などもあれこれ売っている。ここの「レバーの唐揚げ」が酒のつまみに最高で、よく買っている。17時からは注文したらその場で焼いてくれる焼鳥の販売もはじまり、甘めのタレが外食欲を満たしてくれる。スーパーやコンビニもいいけど、地元にお気に入りの個人商店があると、晩酌はより豊かになりますね。 (パ)

020 特定銘柄をひたすら飲む

酒屋であれこれ買って飲むのもいいが、特定銘柄をひたすら飲むのも家飲みの楽しみではないか。私はもう10年以上、サッポロビールのリキュール（発泡性）①である「麦とホップ」ばかりを飲んでいる。資源ごみの日に空き缶をがらがら持って行くと同様に同銘柄の缶がぎっしり詰まったゴミ袋が出ていることがよくあり「ややさては『金麦』派が近所にいるな」などと頼もしく思うのが楽しい。(古)

021 初めて買ったCDを聴き合って飲む

定番のトークテーマに「初めて買ったCD（やレコード）って何？」という問いがある。手垢のついた話題にも思えるが、そこから当人の音楽遍歴が垣間見えたり、意外な一面があらわになったりしてなかなか楽しいものである。オンライン飲み会にもこのテーマはピッタリで、通話している相手とパソコンの画面やサウンドを共有する機能を使えば、一緒に同じ音源を聴いたり、動画を見ながら語り合うことができる。「そうそう！　この曲めちゃくちゃ聴いててさー！　このギターソロが最高なんだよ！」と、聴きどころをプレゼンし合いながら盛り上がれるのだ。ちなみに私が初めて買ったCDは、たま「さよなら人類」の8㎝シングル盤。ヒット曲にもなった表題曲こそポップだが、カップリングの「らんちう」では、たまのダークサイドとも言うべき、イルでおどろおどろしい世界観が展開される。小学生時代に聴いた時は怖くて仕方なくて「なんか嫌い！」とまで思ったが、しばらくしてむしろこっちのほうに惹かれはじめている自分に気づいた。そんな思い出深い「らんちう」のライブ動画がYouTubeに上がっていて「これが怖くてさぁー！」と友達に聴かせながら酒を飲めて嬉しかった。㋤

022 同じつまみを用意して同時に食べながら飲んでみる

遠隔地にいながらネットワークを介して声を聞いたり、表情を見たりできるのは大変ありがたいのだが、同じ食べ物を味わえないのがなんとも寂しい。リアル空間の居酒屋では、あれこれと各自が選んだおつまみを分け合って、それがおいしければ盛り上がり、そうでもなければ次の一手を考えて、と、そういうことが楽しかった。オンライン飲み会に足りないのはそれなんじゃないか？　と思い、パリッコ＋スズキナオのふたりでそれぞれ同じつまみを用意して同時に食べながら飲み交わしてみた。

パリ　先日、某媒体で取材を受けて、それぞれ、好きなおつまみをお弁当箱に入れた「オリジナルおつまみ弁当」を作って用意したんですよね。そのなかのナオさんの弁当が結構衝撃的で。

ナオ　いや、ちょうど、近所のコンビニでサッと買えるもので何か作ろうと思って棚を見たら、ハム、カニカマ、紅しょうがが横一列に並んでたんですよ。

パリ　その3つが並んでたんだ。

ナオ　「これ全部ピンクだな」と思って、で、ピンク色の弁当箱に入れて。ハムとカニカマと紅しょうがを全部巻いてしまえ！　と。この弁当箱を「ピンクの間」と呼んでね。「ピンク巻き」と名づけて。

パリ　僕もですね。子供のお弁当箱がピンクだったので「ピンクの間」を作ってきたんですけど、まだ巻いてないんですよ。

ナオ　大丈夫ですよ。口の中に一緒に入れてもらえば。

パリ　最初ちょっとそれぞれで食べてみて、あとで巻いて食べてみようかな。

ナオ　全部がおいしいから当たり前においしいですよ。

パリ　はは。全部がおいしいからおいしいとは限らないんじゃないの？

ナオ　そういう計算にはならないですか？

（まずはスズキが食べてみる）

パリ　どうですか？

ナオ　びっくりするぐらいうまいです。

パリ　ホントに？　全然信じてないんですけど、今。

（パリッコ、カニカマだけを食べる）

ナオ　え？　今何食べてるんですか？

パリ　カニカマ。

ナオ　カニカマだけ？

パリ　怒らないでくださいよ。僕も巻いて食べてみますよ。ん？　うん。あ、うまいですね。

ナオ　うまいでしょ。紅しょうがとハムがいいのかな。

パリ　そうそうそう。カニカマはあんまり意味ない。ただ、カニカマがないとスカスカじゃないですか？

ナオ　そうか。

パリ　もしかして、ハムに、紅しょうがと酢めしを混ぜたらうまいんじゃないの？
ナオ　ははは。寿司だ。
パリ　新しいいなり寿司みたいな。ピンクのイメージから「弁天寿司」みたいな名前にしてもいいかもしれない。
ナオ　花にたとえてもいいかも。
パリ　「寒椿」みたいな。
ナオ　ははは。ちょっと偉そうな名前。
パリ　うん、いやあ、いいかもしれない。
ナオ　やたらうまくないですか？
パリ　やたらっていうほどではないですけど（笑）。決してその、霜降り肉のようにうますぎず、安い豚肉のようなよさですよね。
ナオ　まさにお弁当のなかの一品みたいな感じ。
パリ　例えばこれ、ハムを省いてみたらどうなるんだろう。
（パリッコ、紅しょうがとカニカマを一緒に食べる）

パリ　あ、中途半端かもしれない。
ナオ　なるほど。じゃあハムと紅しょうがだけも試せます？　そっちもお願いします。
（パリッコ、紅しょうがとハムを一緒に食べる）
パリ　できますよ。っていうか何をやらされてるんだ。……やたらうまいな、これ。
ナオ　そこがうまいんだ。
パリ　それこそ一緒にお赤飯を巻いて「寒椿」と称するのはいいかもしれないですね。

ナオ　よかった。今回、5つ星ということでいいですか？
パリ　星はまだ出してないです（笑）。でもハムと紅しょうがの組み合わせで4はいきましたよ。これを5にして完成させましょうよ。
ナオ　いいですね。でも、嬉しいですね。同じものを、しかも僕が考えたものをこうやって食べてもらえるっていうのは。
パリ　しかも遠隔地で飲んでいて。同じものを食べなければアイデアも出てこないから、うん、いいですね。なんかね。
ナオ　誰かがおすすめしてくれたものを食べるとか、そういうのもいろいろやってみたい。

　同じものを食べ、味の感想を共有する。それだけでグッと〝一緒に飲んでる感〟が盛り上がる。スナック菓子など、既製品でもいい。同じつまみを一品用意しておくだけで割と楽しいので、ぜひ試してみて欲しい。　（パ）（ナ）

023 パリピの酒を飲んでみる

酒屋のレジ横に、初めて目にする、なんとも可愛らしい手のひらサイズの酒が売っていた。「Kleiner Feigling」……あ、これ、最近たまに聞く「クライナー」ってやつか！　クラブでショット的に飲むのが流行っていた気がする、いわゆる〝パリピ酒〟。いろいろあるなかから「ORIGINAL」「ERDBEER COLADA」「COCO BISCUIT」の3種類を買ってみた。

まずはORIGINALから飲んでみよう。公式ホームページによれば、「まだ誰も飲んだことのないイチジクフレイバーのリキュール」だそうで、度数20度。で、容量がたった20ml。ショットの定番、テキーラだと40度くらいのものが多いから、酒がそこまで強くはないけど、パリピ気分だけは味わいたい、みたいなニーズにハマっているのかもしれない。ちなみに、ドイツの酒らしい。で、味はというと、ものすご〜く甘い！　香りはガムみたい。とはいえ、嫌いではない。僕はたまに、ゲストとして呼んでもらってラジオに出ることがあるんだけど、そういう時、酔っぱらって緊張感を消したいとかではなくて、その時間を最大限楽しむため、出演前に1本だけ缶チューハイを飲んでいいことにしている。いわばおまじないだ。このクライナーは、見た目も味もアガる感じがあるから、ラジオ前酒としてもすごくいい気がする。

つづいてERDBEER COLADA。こちらは、「イチゴとピニャ・コラーダ味の（中略）今までにありそうでなかった斬新な組み合わせ」の酒だそう。味はまるっきり、かき氷シロップ。2杯連続だとちょっとつらい甘さ。だけどそもそも、つづけて何杯も飲むものじゃないんだろうからな、クライナーは。

最後のCOCO BISCUITは、「ココナッツとビスケットのクリーム系リキュール」とのこと。例の、サンオイルを思わせるココナッツの香りだ。ところで、まだ言ってなかったけど、今、目の前にあるつまみは「しらす」だ。その塩気には、さっきから何度も助けられている。COCO BISCUITとしらすの組み合わせは思いのほか相性がよく、まるで湘南の海辺にいる気分になれたので、なかなかおすすめ。（パ）

024 失敗したつまみで飲む

生来せっかちだ。手間をかけるのが苦手という点で料理が好きでない。酔うとその様相もいっそうで、袋さえ開ければ食べられるような珍味やスナック的なつまみが手元にないとなった時に作り出すつまみがいつもひどく、でもそのひどさがおもしろくて笑いながら食べている。

とろけるタイプのスライスチーズをレンジにかけるとぱりぱりのチーズせんべいができることをご存知だろうか。スライスチーズをクッキングシートの上にのせてレンジで加熱するだけでできる。

何年か前に知って手軽なのでよくやるのだがこれしきのことでも私は失敗する。先日もクッキングシートを敷くのが面倒で皿の上にそのままのせてレンジにかけたところ強固に皿にくっついてしまい、フォークで発掘するようにガンガン削って食べていたら皿が割れた。

小麦粉と油と塩を混ぜるだけでできるクラッカーもよく作るが酔った頭で適当にやるのでうまく固まらないことがほとんどだ。ぼそぼそした粉に熱々の油が染み込んだものを食べる、みたいなことになる。いかんせんせっかちなので焼き上がってすぐ口に入れるため、舌の上でジュッと音がする。

キリの立方体のクリームチーズの上にレーズンをみっしりぎゅうぎゅうに並べて押しつけて少し沈ませて食べるのが大好きなのだが、レーズンをあふれるほどのせるのでだいたい食べながらぼろぼろ落ちる。拾って食べる。

ゆで卵はいつも鍋底から1cmくらいの少ない水と卵を鍋に入れて火にかけて作る。沸騰しつづけるくらいの火加減で5分、それから火を止めて5分待てばだいたいいい具合にゆだる。のだがこれが不思議と酔っている時にはうまくいかない。よしできたと殻をむくがどうにも中の固まり方がまだ心もとなく、けれども引き返さずにむいていくので固まり切らない黄身が指に手に流れてきてこれがすごく熱い。結局そのまま皿に出して塩を振ってスプーンで掘るように食べる。うまい。

焼き海苔は全型のまま、あぶらずに両手で持ってかじる。必ず上あごにつくので舌でやあやあとこそげて食べていく。

なんだこれという様相のものを、ビールを飲み飲み作り出してはまたビールを飲み飲み食べている。

(古)

025 聞いたこともない酢でサワーを作る

いつもよりちょっと足をのばして大きめのスーパーへ買い物に行ったら、聞いたこともない酢が売っていた。その名も「たで酢」。「たで」って、「蓼食う虫も好き好き」の、あの、たで？　だとしたら、まずいものの象徴のようなイメージもあり、そのお酢なんて味の想像もつかない。商品名の上に「鮎料理に欠かせない」と書いてある。鮎の塩焼きは好物で、何度となく食べたことがあるけど、たで酢はむしろ欠かしたことしかない。買ってみるしかないだろう。とはいえ、鮎料理に合わせるより先に試したいことがある。最近、素よりは体にいい気がして、プレーンチューハイにリンゴ酢をたらした「リンゴ酢サワー」をたまに作って飲んでいる。となれば、「たで酢サワー」も作ってみたい。だってそんなサワー、この世で誰も飲んだことがないかもしれず、世界で初めて、たで酢サワーを飲んだ人になれるかもしれない。それってときめくじゃないですか。

ところで蓼（たで）の葉は、まずいわけじゃなくて、とても辛いから、ああいうことわざが生まれたんだそう。鮎釣りをするような清流の近くにはよくタデ科の植物が生えていて、葉っぱを噛んでみて辛い味がするのが「柳蓼（やなぎたで）」、つまり、たで酢に使う蓼。これをすり鉢ですりつぶし、炊いたご飯を少し加えて混ぜ、裏ごしし、塩を加え、煮切り酒や酢でのばす。ざっくりというとそうやって作られるのがたで酢ということらしい。これが鮎との相性ばっちりで、塩焼きを浸して食べるとたまらないんだとか。こんどぜひやってみよう。が、今日はサワーだ。

鮮やかな濃緑色のたで酢を小皿に注ぎ、まずは少しだけ舐めてみる。あんまり辛くはない。作りたてのたで酢はかなりピリッと辛いらしいけど、市販品だからその点はしかたないのかもしれない。ただ、かなり酸っぱい。グラスに焼酎適量とたで酢を注ぎ、炭酸水で割る。色が薄まり、見た目は青リンゴサワーだ。飲んでみると、ほんの少し舌がピリピリするような気がするけれど、よく考えたら炭酸のせいかもしれない。ほどよい酸味でなかなかうまく、これが体にいいならつづけてみてもいいと思ったけど、たで酢がどれほど健康面に効くのかはまだ調べていない。（パ）

026 簡単もやしレシピで飲む

食べて寝て、運動もあまりせずにいたから太ってきた。こんな時に無理なダイエットをして体力を落とすよりはいいかもしれないが、できれば適正体重をキープしたいものだ。幸い私はもやしが大好きである。毎日の食事のなかにもやしをがっつり取り入れれば、なんとなく、最終的にプラマイゼロになってくれるのではないか。

「もやしばっかり食べても物足りなくないですか？」と問う人もいるだろう。もやし好きの私でも、確かに、「茹でたもやしに塩コショウをかけただけのもの」などを何日かつづけて食べようとすると嫌になる。あくまでもやしをメインにしつつ、食べ飽きず、ちゃんと美味しい料理にしたい。そう考えた時、申し訳ないほどに簡単な方法がある。レトルト食品の力を借り、そこに本来加えるはずの具材や米や麺の代わりにもやしを使えばいいのである。

たとえばセブンイレブンで「ひき肉入り麻婆豆腐の素」というレトルトパックを買ってくる。本当はこのパックと別に豆腐を用意することで麻婆豆腐が簡単にでき上がる、というものなのだが、ここで、豆腐のかわりにもやしである。もやしを炒めたところに「ひき肉入り麻婆豆腐の素」の中身をあけて炒め合わせるだけ。「麻婆豆腐の味なんだけど豆腐が入ってなくてもやしだらけ」という想像通りの一品ができ上がる。

あるいは、同じくセブンイレブンで購入した「国産紅ズワイガニ肉使用かにトマトクリーム」でもいけるだろう。こちらの商品は、本来茹でたパスタにかけるべきソースなのだが、これを無視し、パスタの代わりにもやしを使用。あらかじめ軽く茹でておいたもやしをフライパンに入れ、その上からレトルトパックの中身を豪快にあけて炒める。でき上がったのは、まさに「かにトマトクリームパスタのパスタがもやしになっただけ」といったもの。とろっとしたクリームとシャキシャキのもやしの食感のバランスもなかなかいいじゃないか。ただまあ、どちらの品も、食べていてどうしても炭水化物が欲しくなるような〝何かが足りない料理〟ではあり、でき上がったものを私は両方とも結局は米の上にかけて食べた。この場合、普通に食事するのと比べてどれぐらいヘルシーになるのか、もう考えるのはやめにしよう。

(ナ)

027 『どうぶつの森』の中で飲み会をする

Nintendo Switch向けゲームソフト『あつまれ どうぶつの森』がとんでもなく売れているという。2020年3月20日に発売が開始され、4月末時点ですでに500万本も売れたと聞く。

我が家では、小学校の休校が3月からはじまり、家で退屈そうにしている子供を不憫に思いソフトを購入し、その結果、私がいちばん長時間プレイしてしまっている。

『どうぶつの森』は2001年から様々なハードをまたいで発売されている人気シリーズで、簡単に説明するとすれば、「自然豊かな架空の島で、虫を捕ったり魚釣りをしたりしながらのんびり暮らすゲーム」だ。重要なのが現実の時間と連動しているというところで、ゲーム内に流れる時間はNintendo Switchで設定された日時に沿っている。お昼に電源を入れて遊べば島も昼。春の一時期には島の桜が満開になり、日が経つと散っていく、というような。

まあ、もちろんあくまでゲームなので、季節や自然の美しさはある程度デフォルメされてはいるのだが、それでも自分のいる島に愛着を持ったり、雨が降る音のリアルな質感にハッとさせられたりする。細部まで心憎い作り込みがされていて、「任天堂、やっぱりすげーわ」と思う。

しかもまた、よりによってこのコロナ禍の今に発売されるというタイミング。冗談じゃなく、このゲームによって癒され、救われている人の数はすごく多いんじゃないかと思う。

その『どうぶつの森』なのだが、自分の島をかけ回って遊んでいるだけでも十分おもしろいうえに、インターネット回線を利用して、友達とコミュニケーションを取るのもまた非常に楽しい。自分の島と友達の島を行ったり来たりして、プレゼントを渡し合ったり、島の自分の風景を見せ合ったり。

と、ここまでが前置き。『どうぶつの森』で友達と日常的にコミュニケーションを取り合っている人であれば、もう当たり前のことかもしれないが、改めて「どうぶつの森飲み」を試してみることにした。ゲーム内では誰かの島に集まって、現実世界ではコントローラーの近くに酒やつまみを用意して、スマホアプリで音声チャットをしながら飲むのだ。

まず、飲み会メンバーに「今夜あたりどうですか」と、ゲームの中で声をかける。「おお、いいですね。じゃあ多めにお酒用意しておかなきゃ」と友達が言う。お酒を用意しておく、というのは現実世界での話。なんだかごっちゃになってきておもしろい。

誘いにのってくれたDJイオさん、山琴ヤマコさん、ミニコミ専門店「シカク」の店長たけしげみゆきさん、と、私の4人で、まずはたけしげさんの島に集合。音声チャット上で「お疲れ様です ー！ 元気ですか?」「ぼちぼち元気ですー」などとみんなで会話しながら、ゲーム内の島を歩く。

　たけしげさんの島には書店「シカク」をイメージした家があって、中に入ると現実の店舗のように本棚が並び、おもしろいアイテムがそこかしこに置かれていたりして見ているだけで楽しい。「え、こんなアイテムもあるんだ」「いい雰囲気だなー」とはしゃぎつつ、手元のチューハイを飲む。「こっちの部屋も見てください」と、たけしげさんが自分の部屋のコンセプトを説明しながら案内してくれる。「見晴らしがいい場所に椅子があるのでそこで乾杯しましょう」と、崖の上に作られたスペースでキャンプファイアーを囲みながらひと休み。揺れる炎を眺めつつ、「いつまで続くんでしょうね、コロナ」とか、「国の対応がねー」とか、それぞれの胸の内を気ままに打ち明ける。

　しばらくそうやって時間を過ごし、現実世界で「ではもう一軒」と居酒屋をハシゴするみたいに、「じゃあ今度はイオさんの島に行ってみましょうか」と話し合う。各自が一旦自分の島に戻り、おみやげの珍しいアイテムなどを持ち寄ってDJイオさんの島に再集合。DJイオさんの島を歩いていると、屋外に洋式トイレがずらっと並んだ一画をはじめとした変な景色があちこちに見つかって、これもまたおもしろい。DJブースが作られている「レイブ会場」もあり、そこでみんなで踊ったりして楽しむ。
　オンライン飲み会もいいのだが、カメラに映った友達の顔と向き合って話すのがちょっと照れ臭かったりもする。その点、「どうぶつの森飲み」なら、かわいいキャラに変身した気分で（ゲーム内にはキリがないほど多くのファッションアイテムが用意されており、好きなスタイルでオシャレできる）、〝同じ島の中を散策する〟という共通の目的に集中しながら語り合うことができる。視線を真っ直ぐ向け合わず、同じ景色を眺めている感じが気楽でいいのだ。次の「どうぶつの森飲み」に向け、会場になるかもしれない自分の島を急いで整備しなければ、と思うのであった。(ナ)

028 キッチンで立って飲む

キッチンに立つ。料理や洗い物をするでもなく、ただ酒を飲む。90㎝の高さの天板に6Pチーズをひとつ置くだけで景色は酒場に変わる。そもそも家の中で唯一「立って飲む」ことが許容される場所で、立ち飲みを楽しまない手はないだろう……と思いながら飲む。㊤

029 小さな香港で飲む

香港のミニカーを集めている。TINYという会社のシリーズで、車の他にもジオラマが楽しめる建物などが揃っており、最近買ったお気に入りはUSB給電で発光する派手なネオン看板のミニチュアである。

何年か前に近畿地方を超大型の台風が直撃し、我が家は20時間にわたる停電をくらった。復旧の気配もなく日没。部屋には闇が落ちるなか、焦燥から半分ヤケになりロウソクの灯りで一杯やりはじめたのだが、これが妙に趣があり楽しい。気づけば思いのほか杯を重ねていた。

そんな「ほのかな灯りをともして飲む酒はうまい」という気づきに味を占め、その後も折に触れ暗闇での晩酌を楽しんでいた私が、前述のネオンを開封しながら「よからぬこと」を企むのは必然だった。

ある日の深夜、いそいそとネオンに灯りを入れ部屋の照明を落とす。冷蔵庫から取ったサンミゲルの缶は香港ではよく見かけるビール。肴はいつか廟街の屋台で食べた巨大シャコのガーリック炒め……はさすがに無理だから、冷食の点心で手を打つか。スマホから映画『Mr.BOO!』のサントラでも流せばツギハギの小さな香港が完成。

読みさえ知らないネオンの文字にぼんやり目をやりながら飲むサンミゲルの苦味に、莫迦莫迦しくも最高な晩酌の予感がした。㊤

030 レゴで飲む

　池袋で会社員をしていた頃、昼休みに立ち食いそばをすすればもうすることがない。そこで常に、無駄に街を徘徊していた。「ビックカメラ」なんて最高の暇つぶし場だ。いったん最上階まで行って下りながら、家電や最新のガジェットなどをあれこれ眺めては、「フーン」なんて言っていた。

　途中におもちゃ売り場がある。そこにどーんとディスプレイされ、大きく売り場展開されていたのが「レゴ」だ。忍者屋敷や海賊船、はたまたお姫様のお城など、それはもういろんなジャンルの、子供が無条件に飛びつきそうなラインナップがずらり。そのなかで妙に惹かれたのが、「レゴクリエイター」というシリーズで、海辺に建つ小さなビーチハウスが3パターン作れて2000円ちょっとのやつが急に欲しくなった。しばらく悩んだのち、買った。

　家に帰ってさっそく開封し、ついでに缶チューハイも開封し、飲みながら1パターン目の家を組み立てる。プールの横にデッキチェアを置き、そこに人形を配置する。可動式のサイドテーブルには、酒に見立てた透明の丸いブロック。これが、想像以上に楽しい。

　数日間はこのハウスを眺めながら飲んでいるだけで満足していたが、そろそろ次の段階だろうと、いったんバラす。そこで僕は、さて2パターンめのハウスに……とはならなかった。いきなりフリースタイルレゴの世界に突入だ。実は、もうたまらなくなって、全部で583ピースのいろんなかたちのブロックが入った「レゴ クラシック アイデアパーツ〈エクストラセット〉」を買ってしまってある。これも2000円程度だった。もともと増築に増築を重ねたような古い酒場が好きだったりするから、オリジナルの「増築酒場」を夢中で作りはじめる。ここに窓をはめて、2階へと続くハシゴの先にドアを配置して、トイレはあえて「はなれ」にするか……。

　完成したオリジナル酒場を眺めながら、自分がそこに入り込んだような気持ちで酒を飲む時間は、あまりにも至福だった。

(パ)

031 雑草を摘んでつまみにして飲む

酒のつまみでいちばん安上がりなのは、やはり雑草ではないだろうか。なんせタダ。ウサギやバッタじゃないのでなんでも食えるという訳ではないが、季節ごとにおいしい雑草は結構ある。近所に川原や野原でもあれば、食べられる野草の図鑑を持って出かけてみよう。

夏場であればスベリヒユ。乾燥に強い多肉植物で、ちょっと酸味があるが茹でると粘りがあってうまい。ギリシャや沖縄などでは立派な野菜として活用されるとか。ご存知の方も多いノビルは、時期的にネギのような葉部分こそ固いものの、丸く育った白い鱗茎は島ラッキョウのように鮮烈な味わいだ。先端にできるムカゴも揚げるとホクホクしてうまい。

ちょっと変わったところでは、なるべく太いクズの蔓（つる）を探して先端部分を塩茹でにしよう。毛がボウボウの皮をむきながら食べると、マメ科だけに枝豆にも似た風味があり、それでいてアスパラのような食感が楽しめる。食べるのがカニくらい手間ではあるが、そういう手間が楽しめる人にはおすすめ。

このように雑草は立派なつまみになるのだが、ノビルによく似たスイセンなど紛らわしい毒草も多いので要注意。「只より高いものはない」という結果にならないように注意しつつ楽しんで！　(玉)

032 自分だけの「ひとりオンライン飲み会」をしてみる

「オンライン飲み」の最中、モニターには自分の顔も映っている。それを見ながら話すということになかなか慣れず、気持ちが落ち着かない。そこで、誰も来ないオンライン会議室を作り、あらかじめ「ひとりオンライン飲み会」をやっておくと、自然な乾杯の仕方などを存分に練習できていい。　(ナ)

033 慎重を期して外で飲み、家飲みの安心を実感する

外出を極力自粛していなければ「不謹慎」というレッテルを貼られてしまいがちな昨今ではあるけれど、日用品の買い出しや、散歩などは禁止されていない。

では、例えばだ。健康維持の散歩のため、公園に出かける。途中で喉が乾くだろうから、水筒に冷たいお茶を入れて携行する。30分ほど歩き、少し疲れたところでベンチに腰かけ、水筒のお茶を飲む。ふぅとひと息つき、家に向かって歩き出す。この行動に文句のある人は、さすがにいないのではないだろうか？

ではこう考えてみよう。そのお茶に、ごく少量の甲類焼酎が混入していたとしたら？　何もベロベロに酔っぱらいたいわけじゃない。水筒の中身が、濃い～水割りというわけでもない。決して日常的な行動に支障をきたさないレベルのライトな酒。毎日毎日家で飲んでいて、それはそれで楽しいんだけど、ほんのちょっとだけ、家の外でも酒を飲んでみたい。慎重に慎重を期して、一度だけ実行してみるくらいなら、許される範囲の行為なんじゃないか？　そう思ったわけなんですね。

ある晴れた日の夕方、キンキンに冷やした薄めのお茶割りを手に、僕は公園に向かった。しばしのウォーキングのあと、周囲に人のいないことを確認し、キュッとフタを開ける。久々の野外酒を、ゆっくりと飲んでみる。視界に広がる、生命力溢れる木々の緑の爽やかな空気とお茶割りの味が、まるでシンクロするようでうまい。ただ、どうにもうしろめたく、「今こんなことしてる場合か」という気持ちがゼロにはならない。本当にまったく、想像もしない時代がやってきたもんだ。

5分ほどかけてその酒を飲み干し、何食わぬ顔で家に帰った。そしてあらためて、買ってあった豆腐、三代目茂蔵の「茂たま」をつまみにチューハイを飲んだら、なんの不安もストレスもないその状況が、今はしみじみありがたいと感じた。

（パ）

034 『志村けんのだいじょうぶだぁ』を観ながら飲む

志村けんが新型コロナウイルスにかかって亡くなったというニュースには強い衝撃を受けた。1979年生まれの私、スズキナオと1978年生まれのパリッコさんは同学年で、『8時だョ！全員集合』には間に合わなかったが、『加トちゃんケンちゃんごきげんテレビ』や『志村けんのだいじょうぶだぁ』が放送されている頃に小学生〜中学生時代を過ごし、自分たちのカルチャーの中にずっと志村けんの存在があった。

私なんかはサンヨー食品が志村けんの名を冠して販売していたカップ麺「ケンちゃんラーメン」を食べて育った世代で、一時期は大げさでなく毎日あれを食べていた。お湯を入れずにそのままガリガリかじって、当時流行っていた「オリゴCC」という炭酸ドリンクで流し込むのがお気に入りだった。アタリが出るともらえる「ケンちゃんボールペン」も2本ほど部屋にあった気がする。

まだまだギラギラして女好きな感じを匂わせていた70歳の志村けんがあっけなくいなくなってしまうなんて、未だに信じられないことだ。死後、所属プロダクションの計らいで、1987年〜1996年にかけて放送されていたテレビ番組『志村けんのだいじょうぶだぁ』を再編集した映像がYouTube上で公開された（広告収益が日本赤十字社に寄付されるという）。その動画をパリッコさんとふたりで同時に観ながら酒を飲んでみることにした。

（老夫妻に扮した志村けんと田代まさしの掛け合いを観ながら）

パリ　マーシーだもんなぁ。

ナオ　若いなあ、顔もかっこいい。

パリ　バラエティに引っ張りだこだったじゃないですか。クイズ番組とかでも常にコネタ用意して笑いとってましたよね。当時この番組観てました？

ナオ　観てましたよ！　熱心に観てたかは自信がないけど。

パリ　僕は放送の翌日に学校で「最初のコントなんだったっけ、次はなんだっけ」ってずーっと思い返してて。

ナオ　すごい熱心だ。しかし、冒頭からずっと品がないな！　はは！　オチも唐突で意味わかんない！

（若いカップルに扮する志村けんと石野陽子の掛け合いを観ながら）

パリ　この志村けんのポニーテールはなんだったんだっていう。

ナオ　これだけは本当に何がよくてやってたのかわかんない。また、マーシー出てきた。

パリ　オチが謎すぎますね。いきなりアゴに手をやって「だーん」だって。

ナオ　「だーん」すごいな。そんな終わり方でいいんだ？

相当お金をかけて作っていたと思われる大がかりなセット。そのなかでイキイキと動き回る志村けんや田代まさしや桑野信義。一つひとつのコントには、細部まで作り込まれた感じのする部分と、アドリブで急展開する荒々しい部分とが共存していて、改めて観てみるとかなりいびつなものにも思える。『だいじょうぶだぁ』を観ているうちに、昭和の時代感が思い返され、その勢いで80年代のCM動画を観てみることになった。

（1989年に流れていたCMを集めた動画を観ながら）

パリ　昔のものって今観るとつっ込みどころが多いじゃないですか？

ナオ　今流れてるCMもあとから観たらつっ込みどころ満載なのかな。この頃のはなんか全部が大げさに見えますよね。

パリ　懐かしいなぁ。逆に2000年からの20年間ってまったく懐かしさがない時代になっちゃってるんですよね、自分の中で。

ナオ　確かに！　2000年代のCMも観てみましょうか？

（2000年〜2009年にかけて流れていたCMを集めた動画を観ながら）

ナオ　ああ「NOVAうさぎ」とか「アイフル」のチワワのやつとか。

パリ　なんかつじつまがちゃんと合ってるんですよね。オチがわかりやすい。

ナオ　そうかもしれないですね。

パリ　なんだろう、そしてやっぱり懐かしくはないいんだよな。

ナオ　不思議ですね。あ、酒のCM観てみます？

（1980年代に流れていた酒のCMを集めた動画を観ながら）

ナオ　うわ、どれもいいなぁ。独特の気だるさがある。

パリ　もう映像がすでに酔ってるもんな。こういうの観てると、なんか本当に今の時代と地続きなのかなと思いますよね。

ナオ　本当にこんな時代あったっけ？みたいな。

パリ　江戸時代とか、本当にあったと思えないじゃないですか。80年代とか90年代も、だんだんそういうものになってってますよね。

『だいじょうぶだぁ』を観ていたつもりが、気づけば古い酒のCMを観ていた。懐かしいんだけど、同時にそれが本当に自分の記憶なのかわからなくなる感覚。そんな妙な気持ちを味わいながら、だいぶ長く飲んでしまった。㋩㋤

035 ノンアルコールビールに焼酎を足して飲む

最近、「脂肪の吸収を抑える」ということを謳った、いわゆる「トクホ（特保）飲料」というのがいろいろあって、お茶からコーラから、なんにでもそのマークがついているのを見かける。ノンアルコール飲料も同じで、トクホ印のものが多数発売されている。2019年の10月に発売された「キリン カラダFREE」っていうノンアルコールビールなんかは、「お腹まわりの脂肪を減らす」とまで缶に書いてあるから驚く。

実際にこれを飲んでいればお腹が平らに近づくのか、それはわからないけど、とにかく、「プリン体ゼロ」とか「糖類ゼロ」とかじゃなく、もはや、普通の水よりも体によさそうだからすごい。ここに甲類焼酎を足せば、「お腹まわりの脂肪を減らすビール味の酒」ができるわけである。酒としての機能に加えて痩せる機能までも手に入れた、〝スーパービール〟だ。

勢い込んで「キリン カラダFREE」で甲類焼酎を割って飲んでみた。でき上がったスーパービールだが、味はまったく問題なし。ホッピーが好きな人なら「いいよ！ ありあり！」と言ってくれると思う。焼酎の量によってアルコール度数を自在に操作できるのも嬉しい。アルコール度数2〜3％ぐらいの、ほろ酔いビールも簡単に作れるのだ。しかも飲めば飲むほど腹が引っ込む（かどうかはわからないけど）。

もちろん、他のノンアルコール飲料で試してもいい。こちらも「トクホのノンアルコール」を謳い文句にしている「サッポロプラス」で焼酎を割っても、やはりホッピーライクな味わいになる。「スタイルバランス 香り華やぐハイボールテイスト」は「食事の脂肪や糖分の吸収を抑える」というノンアルコール飲料なのだが、これで焼酎を割れば、ヘルシーな機能を手に入れた〝スーパーハイボール〟ができあがる。略して〝スーパーボール〟。

「ヘルシーとかどうでもいいよ！ 小せえこと気にしてんじゃねえよ！」と荒ぶる方もいらっしゃるだろうが、一度、スーパービールやスーパーボールを作って飲んでみて欲しい。この罪悪感のなさ。「自分は今、体にいいものを飲んでいる！」と、嘘でもいいからひと時でも信じられることの心地よさよ。

(ナ)

036 シメの釜めしを用意しつつ飲む

夕食を兼ねて酒を飲む場合、シメになんらかの炭水化物が欲しいタイプである。自宅で飲むのであれば、カップラーメンやお茶漬けあたりが手軽だけど、ちょっと手間をかけるのも楽しい。そこで私がたまに作るのは、「鳥貴族」などでも人気の釜めしである。

「釜なんてないよ！」と思うかもしれないが、本当にそうだろうか。台所の納戸を開けたら、駅弁でおなじみの「峠の釜めし」の益子焼が眠っている確率はかなり高いはず。自宅になくても、実家、祖父母宅まで含めれば、関東甲信越出身者であれば所有率は過半数を超えるはず（私の経験調べ）。もしなかったら、持ってそうな友人に聞いてみて。あるいは素直に買おう、おいしいから。

この釜を使った炊飯方法は製造元である荻野屋のサイトで公開されているが、フタをずらしたり、吹きこぼれを見張ったり、ちょっと難しい。そこで私は米を少なくして、ふきこぼさずに炊く方法を実践している。まず１３０ｇの米を量り（荻野屋公式だと１５０ｇ）、軽く研いで15分以上浸水させる。そして片手に缶ビールでも持ちながら、冷蔵庫や戸棚をいそいそと物色し、釜めしの具を適当に選ぶ。今日は焼き鳥の缶詰をメインとして、ニンジン、ゴボウ、タケノコを追加した。具は意外となんでも大丈夫。食材の組み合わせを考える頭脳労働と簡単な調理作業が、ちょうどいい肴になるのだ。

具の用意ができたところで、米と水を合わせて３２０ｇを釜に入れる。味つけはお好みだが、焼き鳥缶のように味が濃ければ塩だけでも。ここからは超簡単。釜をコンロにのせてフタをしたら、その上からサバ缶などを重しに置く。これによってフタが浮いてふきこぼれるのを防ぎ、釜内部の圧力を上げて米がうまく炊けるのだ。ただし釜の割れる可能性もアップする諸刃の剣なので要注意。最も弱火にして20分間飲みながら待ち（必ずタイマーをセット！）、火を止めて10分蒸らせば炊き上がり。コンロによって火力が異なるので、火力と水量と加熱時間は調整すること。

浸水15分、加熱20分、蒸らし10分で45分。釜めしを15分で食べ終えれば1時間、晩酌にちょうどいいタイムスケジュールだ。シメにはちょっと量が多いので、半分はおむすびにでもして翌日の朝食にすれば完璧である。（玉）

037 見たことも聞いたこともない食材のフルコースで飲む

見たことも聞いたこともない食材をつまみに飲んでみたくなった。となれば向かうのは、輸入食材屋「カルディ」だろう。

駅前のカルディに到着すると、狭い通路も特徴のひとつである店なので、入店制限を行なっており、しばらく指示に従って待つ。もちろん自分のうしろにも徐々に行列はできてゆく。自分の目的は「見たことも聞いたこともない食材を探す」というかなり不要不急の部類に入るもの。旦那さんの「今日はタイカレーが食べたいなぁ！」というリクエストに応えてココナッツミルクを買いに来た奥様の迷惑にならぬよう、極力迅速に、見たことも聞いたこともない食材を探さねば。

ものすごく焦ったけれども、無事「業務用パルミット」なる、未知にもほどがある食材を手に入れることができた。

……っていうかさ、話戻るけどさっきの旦那さん。「今日はタイカレーが食べたいなぁ！」じゃないよ。よく考えたら。「何食べたい？」って聞かれたら、「いつもご飯を作ってもらえるだけでありがたいよ。家にあるものでいいよ。あ、なんなら今日は俺が作ろうか？」くらい言いなさいよ。何をちょっと面倒なリクエストしてるんだよ。能天気かよ！

えっと、まぁいいや。え〜と、そう。パルミットの話でした。焦って買ってきたのでどんなものかよくわかっていないこの瓶入りの食材を、まじまじと眺めてみる。見た目はホワイトアスパラの水煮みたいな感じだ。若いタケノコっぽくもある。

次に、裏面の説明書きを見てみる。こう書いてある。

「パルミットとはヤシの若木の芯を意味するポルトガル語で、英語名はハート・オブ・パームです」

若いヤシの木の芯ってことか。タケノコに似ているわけだ。ちなみに原産国はコスタリカ。その下に「使い方」という項目もある。

「アスパラガスに似たほんのりとした甘味と、やわらかいタケノコのような食感がパルミットの特徴です。代表的な料理法はサラダですが、ピクルスやハム類と一緒にオードブルとして、またグラタンの具材などにもご利用下さい」

お〜、やっぱりアスパラにも似てるんだ！　そうかそうか。ということは、ホワイトアスパラやタケノコっぽく料理してみるのがおもしろそうだ。というわけで、考えたパルミットのフルコースがこちら。

・パルミットのサラダ
・タケノコ風 パルミットの刺身
・ホワイトアスパラ風 パルミットのマヨネーズがけ

・「シウマイ弁当」の筍煮風 パルミット煮
・パルミットの炊きこみご飯

パルミットにもっとも合うのはワインか日本酒か、それともコスタリカの地酒なのか、まったくわからないので、この世の食べ物すべてに合う『のみタイム』オフィシャル酒、プレーンチューハイを用意した。

1品目はパルミットのサラダ。サラダといっても、あれこれ用意するのが面倒で、皿の上にレタスを1枚敷き、そこにパルミットを1本のせただけ。まずはパルミットだけをそのまま齧ってみる。食感はホワイトアスパラよりもシャキシャキで、タケノコよりも柔らかく、まさに中間。風味もそんな感じだ。が、日持ちのために加えてあると予想される「酸味料」のせいか、けっこう酸っぱい。レタスに巻いて食べてみるとそれが中和され、ちょうどいいかも。

2品目。刺身。斜め薄切りにし、ワサビ醤油で食べてみた。うん、初めはタケノコ風なんだけど、やっぱり酸っぱいな。この晩餐、最後まで酸味との戦いになる予感がしてきた。

3品目のマヨネーズがけ。これがなかなかいい！ マヨネーズの酸とまろやかさが、うまくパルミットの酸をカバーし、食材本来の持ち味を際立たせているような気がする。チューハイも進む。

4品目は、みんな大好き崎陽軒の「シウマイ弁当」の名脇役、コロコロとした甘辛味の筍煮。あれのパルミット版をつくってみたというわけ。酸味が少しでも中和できればといったんゆでこぼし、酒、醤油、みりんを加えて煮詰めてみた。見た目は結構それっぽいが、味ははたして……。うん、やっぱり酸っぱい！ 筍煮がかなり甘い食べ物なので、脳がバグる。おいしくなくはないけれど。

ラストは炊きこみご飯だ。米にパルミットの薄切りをのせ、酒と醤油を加えて炊いたシンプルなもの。これまた酸っぱいんだけど、醤油味のご飯のアクセントと考えれば悪くない。いつかもし、なんらかの事情でコスタリカに漂着してしまったとして、助けを待つ間にどうしてもタケノコご飯が食べたくなったら、パルミットで代用すればかなり満足できると思う。コスタリカに関する知識があまりにも希薄で面目ないが。㋩

038 懐かしのファミコンソフトをクリアするつもりで飲む

腰を据えてゲームに向き合う。できればクリアしたい。操作やゲームのシステムを理解するまでにそんなに時間がかからないような単純なやつ。そうだ、家の押し入れにファミコン本体とゲームソフトがいろいろあったはず、と思ってひっかき回してみたがどうしても本体とテレビをつなぐ線が見当たらない。ソフトもたくさんあったはずなのに、なぜか『ファミコンジャンプ　英雄列伝』が1本見つかったのみ。今やりたいのはこういうゲームじゃないんだよな……。

押し入れの捜索をこれ以上続けると主旨が「片付け飲み」に差し替わってしまう。それは望むところではないので、気持ちのほうを切り替えることにした。

「Nintendo Switch」でオンラインユーザー契約をすると、往年のファミコン、スーパーファミコンのゲームが遊べる特典がついてくるのだ。早速押し入れを閉め、Nintendo Switchを起動。『イー・アル・カンフー』、『グラディウス』などいろいろ選べる名タイトルの中からなんとなく『忍者龍剣伝』をチョイス。忍者が主人公の横スクロールアクションゲームで、昔好きでよくやっていた記憶がある。

かたわらにお酒を用意して、いざスタート。目的もわからずとりあえず左から右に向かって走っていく。最初のステージは荒廃した町で、バットを持ったヤツ、ボクシンググローブをはめたヤツ、低い位置から突っ込んでくる忍者犬？　などが主人公に襲い掛かってくる。「俺が何をしたというのか」という感情がボーッと沸き起こり、その思いはステージが進むごとに強くなっていく。コンティニューを何度もくり返し、やっとステージ「2-2」まで行くと、軍服を着た男が上空から飛びかかってきたり、別の男はいきなり発砲してきたり、もう嫌だ……。どいつもこいつもとにかく俺を攻撃してくる。優しいやつがひとりもいない世界。動物までも執拗に追いかけてくるのはなんなんだ。

どれだけがんばってもステージ「4-1」から先に進めない。というか、全然お酒が進んでない。飲む暇もなく戦いの明け暮れなのだ。「もういいわ……」と私はコントローラーを置き、グラスをグッと傾け、世界中のあらゆる存在から憎まれているかのような苛烈な忍者の世界を離れ、『どうぶつの森』に帰っていくのであった。（ナ）

039 マティーニを作る

　とにかく、それはもう徹底的に「カクテル」を知らない。何が「酒場ライター」だって話で、誰かにカクテルがメインのバーなんかに連れて行かれたら、終始「あ、僕も同じもので」としか言えない。そんなことでいいわけはないんだけど、頻繁にバーに通うような余裕もないので、カクテル通への道は入り口も入り口で頓挫している。しかし、基本的なものだけでもいいから、カクテルを知っておきたい。名前と味を。今回はその第一歩として、なんとなく名前を思い出せる「マティーニ」を、自分で作って飲んでみることにした。

　レシピを探すと、マティーニは「カクテルの帝王」なんて呼ばれているそうだ。もうちょっと「カクテルの新卒」くらいに呼ばれているやつのほうが自分には合っているような気がするが、もうあと戻りはできない。作り方は、幅はあれどだいたいこのような感じらしい。

・ドライベルモットとドライジンを1：4〜5くらいの割合で混ぜる
・ステア（材料と氷をミキシング・グラスに入れて手早く混ぜる）する
・グラスに注いでオリーブをあしらう

　無事材料が揃い、いよいよマティーニ開始。とはいえ、手元にカクテルを作る道具なんてひとつもない。ので、サッポロのビールグラスに、まずはドライベルモットを注ぐ。ちなみにベルモットとは、白ワインにニガヨモギなどの香草を加えた酒だそう。試しにそのまま味見してみると、確かにワイン由来の酸味と渋味を深めたような、そこに香草のクセを加えたような味で美味しい。

　次はジン。これもいったんそのまま飲んでみると、独特の薬草っぽい香りがなかなかよく、ふくよかな甘味の余韻が長〜く続くような美味しい酒だ。これを目分量で加える。

　そしたらそれを、ロックアイスを入れた大きめのキンミヤグラスに注ぎ、慌てて割り箸でかき混ぜる。家にカクテルグラスがなかったので、飲み口がもっとも近いと思われる、浅めのお猪口に注ぐ。とてもカクテルの帝王を作っているとは思えない。かつてこんな仕打ちを受けたマティーニがあっただろうか。最後に塩漬けのオリーブを加え、一応完成。

　自作マティーニを飲む。ジンの度数がかなり高いので、一口目、いわゆるカクテルのイメージでいったらむせた。あらためてゆっくりと口に含み、味わう。どちらも香りに特徴のある酒だったが、両者がうまいことなじみ、洗練された味わいになっている。脳裏に、タキシード姿の紳士が思い浮かび、僕ににっこりとほほえんだ。　(パ)

040 酒屋でいちばん高いビールを飲んでみる

地元に、各種クラフトビールやＩＰＡビールなどを豊富に扱う酒屋がある。そこへ行き、ビールのなかでいちばん高価だった「宇宙ＭＡＳＴＥＲ」というのを買ってみた。山梨県にある「うちゅうブルーイング」のもので、ビール好きの間で評価が高く、最近よく名前を聞くメーカーだ。ちなみに３３０mlで税込７８０円。普段買っている発泡酒が５００mlで２００円弱だから、約４本、つまり２Ｌは買える計算になる。

冷蔵庫でよく冷やし、グラスに注いで飲んでみる。まず栓を抜いた瞬間に広がる、バナナその他の果実が豪華な晩餐会を開いているような、スーパーフルーティーな香りに驚く。原材料をみると「麦芽・ホップ」とか書いてないから、アルコール醸造とはあらためて魔法だな。しっかりと苦味もあるんだけど嫌ではなく、あと味の余韻が驚くほど長い。もったりとした口当たりの中に、これは確かに普段飲んでいる発泡酒４本分以上かもと感じるうま味が詰まっている。やっぱりたまにいいものを選んでみるのっておもしろい。

瓶の裏の説明文のところに「ビッグバンの起こるはるか昔、たったひとつの五次元フルーツの種が七次元から生まれた。その種は宇宙ＭＡＳＴＥＲによって大切に育てられ、たくさんのホップをつけたそうな。たったひとつの小さな種を大切に育てることを宇宙ＭＡＳＴＥＲは私達に教えてくれます」と書いてあり、「へーそういうもんか」と思った。 (パ)

041 謎の韓国土産を想像で作って飲んだ

長い自粛の褒美に、以前韓国帰りの酒友からもらった高級そうな薬膳セットを解禁してみた。日々食べて飲むことばかり考えて生きているので、友人たちの土産はほとんどが珍味の類だ。旅先でわざわざ選んでくれたという気持ちが尊く、また、どう食べたらいいのか不明なものも多いので温存しがちだが、この機会に独酌のお供とさせてもらおう。

袋にあるハングルの説明は解読ならず、写真を頼りに中身の薬草数種類と市販の丸鶏を数時間煮込む。でき上がった黄金色のスープを小鉢に、丸鶏はどどんと大皿に盛り、身をむしっては塩をふり焼酎のアテとした。地味だけど滋味でうまい。酒友に写真を送ると、「もち米は入れた?」と即レス。謎の薬草煮の正体はどうやら参鶏湯だったらしい。 (泡)

042 新幹線に乗ってるつもり飲み

いつもの私は月に1回ぐらい大阪－東京間を移動していて、たまに乗る新幹線が楽しみだった。しばらく乗れなそうなので「せめて気分だけでも」と思う。家にあったふたつの座椅子を向かい合わせに配置し、その脇にパソコンを置いて新幹線の車窓からの風景を撮影した動画を流す。YouTubeで検索すれば、そういったものがたくさん上がっているので簡単である。時おり車窓風景を眺めながら、炭酸水のペットボトルに甲類焼酎を少し入れたものを飲み、「じゃがりこ」でもつまめばもうほとんど新幹線に乗っているのと同じだ。㋤

043 薬湯にたっぷりつかったあと、風呂上がりの一杯を飲んでみる

ずっと同じ姿勢でばかりいるからか、体のあちこちが凝って痛い。そんな話を友人にしたら「熱い風呂にたっぷり浸かって汗をかくべき！」とアドバイスされた。友人によると、ライターのヨッピーさんがＷＥＢの記事で激賞していた「救養草」という薬草風呂パックがすごいんだそうで、「汗がドバドバ出ます！」とのこと。早速通販で20包入りを、３０００円＋送料で購入。後日届いた「救養草」を早速お風呂に放り込んでみる。オウバク、サンシシなどなど10種の生薬を配合しているそうで、パッケージに鼻を近づけただけでいかにも効きそうな匂いが香る。浴槽の中でパックを揉んでいると徐々にお湯が黄色く濁っていく。この湯に体をゆだねるだけで、じわじわと回復していくように思える。肩や背中、強く凝りを感じる部分にパックをあてがい、ついでに直接顔にくっつけて匂いを満喫していたら唇がヒリヒリしてきた。辛いものを食べたあとの感じだ。唐辛子に似た生薬も含まれているそうだからそれかな。「救養草」の効果を実感したのは風呂上がりであった。体のポカポカがいつもと比べものにならないぐらい長く続く。じんわり汗をかきつつ、自家製チューハイをグビグビ。やみつきになりそうだ。㋤

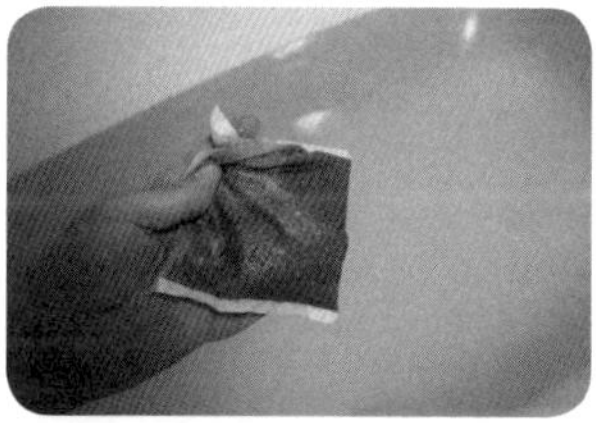

044

離島の図鑑『シマダス』を読みながら飲む

部屋のすぐ手に取れる場所に『ＳＨＩＭＡＤＡＳ（シマダス）』という分厚い本が置いてある。「日本離島センター」という団体が作っている書籍で、日本にある離島のデータが北から南まで１７５０島分も収録されている。日本には無人島も含めると６８５０以上もの島があるそうで、そのなかの１７５０島というとまだまだ少ないように思えるが、それでもこの本にはすべての有人島と主要な無人島が網羅されている（つまり日本にはそれだけ人が住めないほど小さな無人島が多いということか）。

掲載されている１７５０島のなかで私が行ったことのある島はいくつあるだろう。おそらく10にも満たないと思う。どのページを開いても知らない島ばかりだ。自分が知らない島がこれだけあり、もちろんその島一つひとつに歴史がある。人が住んでいる島であれば、そこで営まれている生活があり、大事にされてきた風習や、その島ならではの特産品があったりする。そう考えると、改めてこの本の分厚さにクラッとする。

『シマダス』を手元に置きつつ酒を飲む。何も気にせず適当なページを開いてみるのがおすすめだ。今、私が実際にパッと本を開いてみたところ、福岡県に属する「姫島」の情報が記載されたページが現れた。玄界灘に浮かぶ「姫島」の人口は１４７人。江戸時代は捕鯨が盛んだったそうで、島民がここから鯨を求めて遠くの海へ出ていたという。幕末には女性志士の野村望東尼（のむら・もとに）が弾圧によってこの島に流刑になり、その後、高杉晋作の力添えによって救出されたとか。島内では現在も毎年5月に野村望東尼をしのぶ「望東祭」が行われている。島の特産物はウニ。

と、いきなりこんなふうに今まで知らなかった「姫島」のことが頭の中をかけめぐるのである。さっきまで名前すら知らなかった島だ。さらにスマホで「福岡　姫島」と検索すれば島の全景写真が掲載された観光案内ページも出てくる。島への行き方を知れば、「なるほど、このルートに従いさえすれば、自分は本当にこの島へ行くことだってできるんだな」という気持ちが湧き起こり、部屋にいる自分と遠い島とが見えない糸でつながったような気がしてくる。そしてまた別のページを開き……といつまでも楽しめるのがこの本なのだ。酒のお供にぜひ！ ㋤

045 ひとりで塊肉を焼いて飲む

よーし、今日はガーッと肉を焼いてグイーッと飲もうかじゃないか！　そんな気分の日がある。天気がよくて、急ぎの仕事がなくて、お腹は空っぽというのがベストタイミング。とある土曜日はまさにそんな感じだったので、明るいうちから宴を張ることにした。

メインは特売品のステーキ用アンガスビーフ肩ロース300g（800円くらい）。そのままステーキにすると途中で食べ飽きそうだからつまみ仕様に。筋切りをして、塩とオリーブオイル、タンパク質分解酵素を持つという舞茸を刻んだものを全体にまぶす。これをくるりと丸めおにぎりよろしく両手でぎゅぎゅっとし、塊肉（風）にすれば準備は完了だ。

床にビニールシートを敷き、折りたたみテーブルやカセットコンロをセット。焼き道具はひとり用の小さなジンギスカン用鉄板だ。いつどこで買ったのかも忘れてしまったけどなぜかうちにあるやつ。よかったね、出番だよ。これを熱して塊肉をのせ、焼けた表面から薄く切り取って食べるというのが今日のねらい。要するに、とても雑なシュラスコである。

ジュジュジュジューッと景気のいい音、パチッと跳ねる脂、もくもく広がる白い煙。私、今、肉、焼いてるーっという実感が多幸感に変わる。同時に、久しく行けていない焼肉屋や友人たちとのＢＢＱを思い出し、鼻の奥がツンとなった。慌てて、氷水に浮かべておいた缶ビールを流し込む。あー、よう冷えてるっ。単純至極な私はそれだけでスイッチが切り替わり、せつない気持ちはどこへやら。ナイフで肉を削り取っては食べ、ビールをあおるマシンと化す。肉の味つけに『サイゼリヤ』のラム串テイクアウトについていたスパイスを使うと、レストラン級の味になったのには感動した。中東っぽい香りと肉の脂がとても合う。これだけ売ってたらいいのに。ハンバーグの下味に使ってもいいよね。でもハンバーグは最近自作よりも精肉店でタネを買うほうがおいしいから……などと詮ないことを考えつつ、肉を削る。宴はだらだらと数時間続き、泥酔状態で残った脂身を焼き飯にしたのが最後の記憶。翌朝、当分肉はいいやと誓ったはずなのに、次の週末には豚肉の塊を焼いていたのだから人って不思議。というか私の食欲よ。泡

046 5、6個コレクションを見せ合って飲む

パリ　コレクターってかっこいいじゃないですか。ただ、絶対に自分はなれない。

ナオ　なれないですね。本気の人が周囲にもたくさんいるし。ただ、物を愛する気持ちはあるっちゃある。

パリ　そう。「なんか好きで買ってたら5、6個集まってるな〜」みたいな。

ナオ　そよ風のようなコレクションね。しかし、割と眺めていると気持ちいい。

パリ　たまに見返して「いいな〜、ウフフ」って。そしてここが重要なポイントなんですが、本当は、誰かに自慢したい！「これよくない？」って。

ナオ　はは。そうですね。なかなか機会がないけど、見て欲しい気持ちはある。

パリ　ところがですよ。それを「5、6個コレクション」と名づけてしまえば、開き直れることに気づいたんですよね。

ナオ　うん。そういうジャンルだと言い張ってね。例えば私でいうと「マッチ箱」です。ただまあ、喫茶店でたまに配っていたらもらうとか、たいして執着がないから、集まるのにすごく時間がかかる。でも、少しはあるっていう。

パリ　あんまり能動的じゃないんですよね。

ナオ　そうなんです。そこが5、6個コレクターの特徴かも。

パリ　で、そういうのをお互いに自慢し合うのに、WEB飲みがもってこいなんじゃないかと。現場に持ってかなくてもいいし。

ナオ　本当ですよ。WEBカメラ越しなら、つき合ってやれないこともない。

パリ　はは。お互いにね。それをこないだ、実際にやってみました。そしたらこれが、楽しいんですよ！　マッチって、基本デザインがレトロでかわいいですよね。その郷愁がいい。

ナオ　誰がデザインしたんだかわかんない、いい味わいの。

パリ　見せてもらったなかで特によかったのは、やっぱり和歌山県の「ホテル浦島」だな。

ナオ　いい絵なんだよなー。

パリ　子供の頃、家族で伊豆あたりの温泉旅館にたまに行っていて、場所は違うんだけど、なんか思い出しました。

ナオ　うん。誰しもの心に届くようなね。

パリ　原画があれば5、6万円までは出す。

ナオ　はは。5、6個コレクションだけに。自分がこの風呂に入ってるところを、この画家さんに描いて欲しいなー。

パリ　あ、裏表スキャンしてつなげて、WEB飲みの背景にしたら？

ナオ　本当だ！

パリ　いまや、マッチの絵に入れる時代ですよ。僕のほうは、とっくり型の日本

酒の瓶。たまにあるんですよ。
ナオ　あれもかわいかったな。かわいいものが5、6個あるっていうかわいさ。
パリ　最初は何気なく買ったんですけど、それ以来気になって、酒屋に行くとなんとなく棚を覗くようになって。やっぱりそういう感じ。「宮の雪」のやつ、いいでしょう？　鳥居に雪が積もってる。
ナオ　よく見ると鳥居の配置も斜めにグーンと、ちょっとお洒落です。
パリ　鳥の視点ですねこれは。しかし、人に酒の瓶を見せながら酒を飲む。冷静になってみるとバカなことしてるわ。
ナオ　はは。飲んだ跡ですからね。2回飲んでる。幸せな話です。
パリ　いやしかし、楽しかった。
ナオ　それで、その後ふたりで、共通の友達に、「5、6個くらい集めてるものってない？」と聞き、飲みながら見せてもらったんですよね。
パリ　やっぱりみんなあるんだな。基本的に「え？　まぁなくはないけど〜」って、ちょっと照れながらからはじまって、徐々にノリ出して、どんどん楽しそうになっていく。それを見てるとこっちも幸せな気分になってきてね。
ナオ　例えば泡☆盛子さんの「お膳」コレクション。
パリ　心から「いいな〜！」って声が何度も出た。
ナオ　泡さんもやっぱり、「なぜか集まってきてしまって」ぐらいのニュアンスでね。
パリ　その派生で、100均グッズを使ったお膳風みたいなの教えてもらって、すぐまねして買ったんですが、すごくいいんですよ。人の5、6個コレクションを聞くとこちらの生活まで豊かになることがある。
ナオ　うんうん。しかもさ、1個得るともう1個欲しくなりません？
パリ　そうなんですよ！
ナオ　私、以前にパリッコさんのまねして小さめの水筒買ったら、ああいうのっていっぱいあるから、「待てよ、これはこれでいいけど、あれはあれでよさそうだな」とかって、立て続けに4個買っちゃって。
パリ　ははは！　気になり出すんですよね。それまで見えてなかったのに。しかし、家に水筒4個。
ナオ　いらないでしょう？
パリ　いらない。
ナオ　だけど、お膳だってそんなにいるものじゃないし、そこがいい。明日からいきなり私が、納豆の包装紙を5、6枚集めてるかもしれませんよ？
パリ　「なんかいいな、これ」からはじまりますからね。
ナオ　そうです。そしてそれを見せ合うと、1回のオンライン飲み会のネタぐらいにはなると。
パリ　うんうん。

(パ)(ナ)

047 皿洗いで飲む

皿洗いが好きだ。皿洗いには他の家事にはない、抗いがたい魔力のようなものがあると、個人的に信じている。

シンクに適度に溜めこまれた食器類を手に取り、洗剤を垂らしたスポンジでスルスルとこすってゆく。洗った食器は、シンクの横に、順番を考えながら積み重ねてゆく。キャンパーの人々は、様々なアウトドア食器をなるべくかさばらないように積み重ねてひとまとめにする、スタッキングという行為に喜びを感じるらしい。隙間なくスポッと重なる、同じメーカーのものではないふたつの皿を見つけたりすると、異常に興奮するそうだ。食器洗いもそれに似ている。シンクに雑多に放り込まれた食器たちを、順番を考えて手に取りつつ、洗ってスタッキングしてゆく喜び。

それを今度は、清らかなる流水で、次々にすすいでゆく。その際にもポイントがあって、まずは空になったシンクの底をスポンジで丁寧に洗う。そこに、積み重ねた皿を戻す。一番上の皿に向かって、勢いよく水を流す。これを我々の業界では「シャンパンタワー方式」と呼ぶ。皿を1枚手に取ってすすぐ、その間にも、他の皿たちが「下すすぎ」とでもいう状態でスタンバイしてくれている、その効率にクラクラする。

1枚、また1枚とくり返すうち、心の中に溜め込まれていたよしなしごとは皿の汚れとともに流れ落ちてゆき、頭の中はどんどんクリアになり、やがては瞑想状態に……。というとちょっと大げさだけど、なんだか妙に気持ちよく、楽しいことは確かだ。僕は、この行為は、チベット仏教において、1回まわせば1回読経したのと同様の功徳（くどく）が得られるという車輪状の器具「マニ車」にも近いと思っている。1皿洗えば、煩悩がひとつ減る。

ところで、こんな気持ちのいい行為を酒とともに楽しまない手はない。洗う前、好きな酒を用意し、グビリとひと口飲む。大きめの皿族の積み重ねまでが終わったら、また飲む。小さめ族も同様。大きめ族のすすぎが終わったら飲む。小さめ族も同様。そうやって、皿洗いによって減少した煩悩を即時に補充していく。変態キッチンドリンカーだ。

もっとも洗い心地の好きな皿が、ＩＫＥＡの「ＯＦＴＡＳＴ　オフタスト　サイドプレート　ホワイト　19㎝（税込79円）」であることや、実はタッパーは死ぬほど洗いたくないことなど、このテーマは、書こうと思えば本1冊分でも書くことがあるが、今回は割愛する。（パ）

048 リレー小説を書きながら飲む

　本書にも寄稿してくれている京都在住のライター・泡☆盛子さんとパリッコさんと私の3人のLINEグループでは「今、こんなふうに飲んでますー！」「いいなー！　こっちはベランダで飲んでます」といったやり取りが、気ままなタイミングで交わされている。

　ある日のこと。泡さんがベランダに芝生を敷き、その上にお膳を出して昼間から飲んでいるというので、私は「酔狂な戦国武将みたいだ」と思った。そのようにメッセージを送ると「そんな武将がいたら燃え盛る炎の中でも晩酌しそう！」「今宵はやけに酒がうまいのう、とか言いそう！」という感じで3人があれこれ言い合う流れができて妄想が膨らみ、「よし！　この武将を主人公にリレー小説を書きながら飲みましょう！」ということになった。

　Googleドキュメント上に3人がそれぞれ好きなように編集できる文書ファイルを用意し、順番に書き足していく。武将の名はパリッコさんの発案で「徳川珍康《ちんやす》」と決まり、酒と珍味に命を捧げたその生涯が描かれることになった。

　やってみるとこれが結構大変である。きちんとストーリーをつなげていかなくてはならないし、その後も広がっていくようなバトンの渡し方にしたい。なかなか気をつかう部分が多く、しかし、その負荷が楽しい。200文字ぐらいを書き加えるのに1時間ぐらいかかったりする。各自が暇な時間に無理なく書き足すようにしようと決めたので、続きがすぐに増えていくわけではないが、力を合わせて書いた小説はバカバカしい内容なのに何度も読み返したくなるから不思議だ。

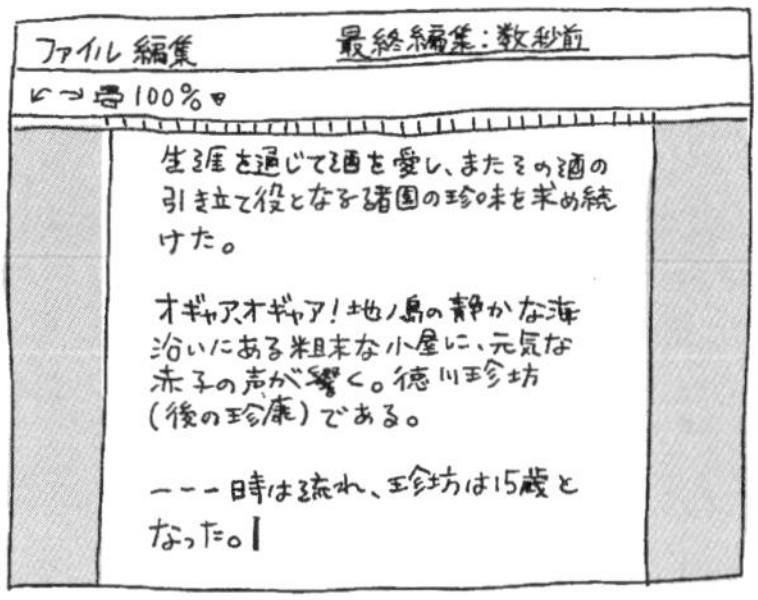
ファイル　編集
最終編集：数秒前
100%
生涯を通じて酒を愛し、またその酒の引き立て役となる諸国の珍味を求め続けた。
オギャアオギャア！地ノ島の静かな海沿いにある粗末な小屋に、元気な赤子の声が響く。徳川珍坊(後の珍康)である。
ーーー時は流れ、珍坊は15歳となった。

「和歌山県に徳川珍康の墓があり、今も時おり手を合わせていく人の姿が見られる」とはじまる私のターンのあと、珍康が徳川家康の108番目の嫡子としてこの世に生を受けるシーンをパリッコさんが描く。その幼名は「珍坊」とのこと。それを受けた泡さんは、珍坊が幼少期から酒に異常なほどの好奇心を寄せていたエピソードをつけ加えた。その後、15歳になった珍坊が戦に憧れ、野望に胸を躍らせながらいよいよ戦いの場へとおもむく、というところまで話が進んだ。

　さて、このあとどうしよう……と、パソコンの前で途方に暮れながら飲む酒もまた、味わい深いものである。

（ナ）

049 エクレアをつまみにグリーンラベルを飲む

友人知人に「あなただけのとっておきの幸せな酒の時間は？」と聞いてみるのが好きだ。自分には思いつきもしなかったような酒とつまみの組み合わせを聞けたりして、それを実際にまねしてみるとものすご〜くおいしかったり、楽しかったり、新鮮だったりする。

以前に知人編集者さんに聞いたそういう話で、「セブンイレブンのエクレアをつまみに淡麗グリーンラベルを飲む時間が至福」というのがあった。甘いものと発泡酒……。普通に生きていれば、一生やろうとは思わなかった組み合わせ。そもそも僕は、甘いものにほとんど興味がないのだ。試す機会は今しかないだろうと、やってみることにした。セブンに行って「こだわりのカスタードエクレア」ってのと、淡麗グリーンラベルを買ってくる。

今は夕方の5時で、このあと晩酌が控えている。甘いもので胃の容量を少しでも圧迫することは、本音を言えば避けたすぎる。悔しくて涙がこぼれ落ちそうだ。しかしもう、その編集者さんを信じるしかない。

と、その前に、ひとまずグリーンラベルだけを飲んでみる。これも、前回いつ飲んだか覚えてないくらい久しぶりに飲む酒だ。糖質70%オフ。アルコール度数4・5%。ぐびりと飲んでみると、まるで清涼飲料水のような手ごたえのなさで、スルスルと体内に染みこんでゆく。ただ、これが意外とうまい。爽やかな香りとしっかりとした甘味。思わず一気に飲み干してしまいそうになるが、グッとがまんする。

さて、意を決して、ずっしりと重いエクレアにがぶりとかぶりつく。重厚なカスタードクリーム、さらにたっぷりのパリパリチョコレート。なんと甘く、そしてうまい食べ物だろうか。そう、僕は別に、甘いものが嫌いというわけではないのだ。

すかさずグリーンラベルを飲む……あー、そういうことか。結論から言って、むちゃくちゃ合う。うまい！ 想像しただけで口が甘ったるくなりそうな組み合わせなのに、ぜんぜんしつこくない。エクレアの生地にほんのりと塩気があるのもいいのかもしれない。淡麗グリーンラベル、自分の中で、「エクレアにいちばん合う酒」としての地位を完全に築いた。どすんと重いイメージのあったエクレアだが、裏面のカロリー表示を見ると234kcal。グリーンラベルと併せ、意外にもヘルシーな組み合わせといえるのかもしれない。

なんだか酒飲みとして新しい扉が開けたような気分だ。 (パ)

050 温泉水で割って飲む

近所にあるちょっとセレブめのスーパーへ行くと、お茶やミネラルウォーターの品揃えがすごい。そのかわり、発泡酒は2種類ぐらいしか扱っていなかったりして、できるだけ飲み食いにお金をかけたくない自分にとってはなかなかハードルが高い。だが、たまにのぞくと「野菜ジュースってこんなにバリエーション出てるんだ⁉」と驚きがあったりしておもしろい。

そのスーパーに「温泉水」が3種類も売られている。発泡酒の種類より多い。この3種類を購入し、甲類焼酎の割り材として使ってみようではないか。ただの水割りと異なる味わいが生まれたりするかな？　楽しみだ。

エスオーシー株式会社の「温泉水99」から試してみる。ボトルに貼られたラベルには、「鹿児島桜島の麓にある垂水（たるみず）温泉の地下750mから47℃で湧出する貴重な天然の飲めるアルカリ温泉水です」と書いてある。そのまま飲んだらビリビリくるような焼酎の味が、この水で割るとなんだかやわらかくなったような気がする。

次は株式会社霧島湧水の「飲む別府温泉」だ。ラベルの一面に「888」みたいな図形が並んでおり、見るからに〝なんらかのパワーがありますよ〟という感じ。「美と健康のSPA RETREAT『Benefit for you』に湧き出る天然温泉水をボトリング」と書いてある。何を言ってるのかよくわからないからこそ、いい水なんだろうなと思う。早速焼酎を割ってみたところ、さっきよりもさらにやわらかな風味になったような……。「いや、全然わかんない！」「そんなことない！　少しほら、あと味変わった気がしない？」「そうかな？　わかんないけど」みたいに自分と自分のケンカがはじまる始末。ちなみにこの水が500mlで260円と今回最高額のものだ。ありがたみを噛みしめるように飲む。

最後に株式会社日田天領水の「日田天領水」。あとで気づいたのだが、これは温泉水じゃない。「深井戸水」と書いてある。大分県日田市で採水したものだという。まあ、いいか。これで割ってみたところ、先に試したふたつよりはなめらか感が薄いように感じた。少しあと味がキリッと尖るように感じる。「ほんとかよ？」「わからん。なんとなくだよ」「俺はそうは思わないけどね」とまた自分がケンカする。

とにかく、いい水をたくさん飲み、なんだか元気がみなぎるような気分ではあった。（ナ）

051 谷口菜津子さんの考えた「お恥まみ」を味わいながら飲む

パリッコ、スズキナオとは共通の飲み友達である漫画家の谷口菜津子さんが、『レトルト以上・ごちそう未満！ スキマ飯』という新刊を出した。自分をとことん幸せにするための、〝レトルト以上・ごちそう未満！〟なオリジナルレシピがたっぷり詰まった一冊なのだが、なかでも衝撃度が高いのが谷口さんオリジナル「お恥（ち）まみ」の章。ごま油に塩をふって舐めるだけ。コーンスープの粉を舐めるだけ。バターに明太子をのせただけ。など、人によっては引いてしまうくらいの怠惰なつまみなんだけど、その気持ちが妙にわかってしまう。そこで、谷口さんとオンライン飲みをしながら、お恥まみの魅力について教えてもらうことにした。

パリ 今日はよろしくお願いします。

谷口 お願いします。なんか不思議だな〜。自分が参加してるというより、YouTubeと飲んでるみたいな気分になりますね。オンライン飲みって。

ナオ あんまりやらないですか？

谷口 1回だけやってそれっきりですね。退席する時のことを考えてずっと不安だったり、回線状況が悪くて相手が何を言ったのかわからないのに愛想笑いするのとかがすごくいやで！

パリ ははは。考えすぎじゃないすか⁉ でもそうか、そういう細かな機微が谷口さんの作品に反映されていくわけですね。

ナオ 心の動きがね。

パリ ところで今日は、谷口さんが『スキマ飯』で紹介していた「お恥まみ」について教えてもらいたくて。

谷口 フフ。酔っぱらって頭がおかしくなった時、作りはじめてしまう。

ナオ 酔ってやってるんだ。

谷口 ひとりで晩酌してて、お腹いっぱいで、だけどまだ酒は飲みたくて、ちょっとつまみが欲しいみたいな時に、お皿に残ったものとか、冷蔵庫にあるものを組み合わせてしまうんですよね。

パリ 油が残ってたら舐めればいいみたいな。

谷口 そうそうそう。残ってる小ネギとアジシオを足してとか。

パリ で、今日はあらかじめ2品作れるように食材を聞いておいて、それを用意しておきました。1品目は普通に美味しそうですよ。

谷口 カルディで売ってる「クラブペースト」ですね。最近の私のお恥まみ素材によく登場するやつです。

ナオ 食べるラー油みたいな感じですよね。見た目は。

パリ 500円しないくらいだったかな。それでちゃんとカニが入ってるんだ。

ナオ これをそのまま食べるだけってこ

とですか？

谷口　味が濃すぎず、ちょうどいい塩分なんですよ。だから、最悪それでもいける。ただ、油もちゃんと味わいたいんで、何かに絡めたほうがさらにいい。

ナオ　うわ、すげーいい匂い！

パリ　食べてみよう。おー、うまいなこれ！

ナオ　うますぎてやばいぞ、これ。辛味はそんなにないんですね。

谷口　ではこれを、ミックスナッツやカニカマに絡めて食べてみてください。

ナオ　どれどれ……うまい！

谷口　これはレモンも合うんですよ。ただ、レモンを加えると3工程になってしまうので、お恥まみじゃなくなっちゃうんですけど。

ナオ　ははは！　お恥まみは2工程までなんだ。

谷口　カニカマも、カニカマがカニになる！　かどうかはわからないけど、美味しいカニカマにはなる。

パリ　ははは。あ〜、すげぇうまいっすよ、カニカマあえ……。

ナオ　家にクラブペーストさえあれば、常に何かしらに絡められるわけですよね。

パリ　うんうん。いいこと知ったな。本当、いいことをいっぱい世の中に発信してるんですよね、谷口さんは。

谷口　あはは。次のレシピは、家でこっそりと何回も作って食べてる、本当に恥ずかしいやつです。『スキマ飯』で初めて告白しました。

ナオ　ははは！

パリ　卵黄に粉チーズを絡めるだけという。

ナオ　味つけいらないんですね？

谷口　チーズの味が濃いから。

パリ　チーズはどのくらい？

谷口　えーと、引くほど。

パリ　ははは！

谷口　これをよく混ぜて、ちょっとだけ置いておくんです。すると、チーズが卵黄を吸ってふわふわになる。チーズと卵黄の濃厚さを味わうお恥まみですね。

パリ　じゃあちょっと置いてみたので、そろそろ食べてみますね……あ〜……うん。

ナオ　うん。……なるほどね。

谷口　そんなにかよ！

ナオ　はは。いや、これ飲めますよ、確かに。

パリ　うん。箸の先で舐めながらずっと飲めますね。だから、家で絶対またやると思う。けど、さっきのクラブペーストみたいな、驚きのあるおいしさとはまたベクトルが違うんですよね。

谷口　卵黄チーズのほうが私のソウルに触れるメニューなので、今、ぐっ……ってなってます。

パリ　ははは！　いやいや、本当においしいですよ！　大丈夫！

ナオ　うん。自信を持ちましょう！

（ゲスト：谷口菜津子さん）　(パ)(ナ)

052 街で集めた飲み屋の「自称」たちを眺める

気まぐれに、普段あまり行かない方面のスーパーへ行く途中、店名の前に「即席割烹」と書いてある看板を見かけた。即席ラーメンみたいなインスタント食品を割烹料亭風に出してくれるお店？　改めて眺めてみると、街には独特の飲み屋の「自称」があふれている。以降、散歩に出るたび、新しい「自称」があれば写真に撮ることにした。集まった自称たちの写真フォルダを眺めては、どんな店か想像しながら飲むのが楽しい。

　以下は、実際に僕が集めた自称たちから抜粋。

①割烹系
「割烹」「即席割烹」「すたんど割烹」。ひとつとしてどんな店かわからない。

②居酒屋／酒場系
「居酒屋」「和風居酒屋」「洋風居酒屋」「JAPANESE TAVERNS」。TAVERNSとは英語で居酒屋のこと。つまりは、洋風「和風居酒屋」だ。
「大衆酒場」「ごちそう酒場」「兄弟酒場」「酒馬」「酒房」「厨房」「酒蔵」「小料理」。途中の酒馬は誤字ではなく、馬肉にこだわりのある店らしい。

③家系
「台所料理の店」「沖縄家庭料理居酒屋」「おうちごはん」「創作おうちダイニング」。外食店でありながら、家庭の味を主張するタイプの店は多い。しかしまさか、「創作」と「ダイニング」の間に挟まれるとは予想もしていなかったことだろう。「おうち」も。

④説明が親切
「酒と肴の店」「酒も肴も旨い店」「焼酎&梅酒バー」「肉と小料理の酒場」「旬魚旬菜手打ちそば」「立ち呑み屋さん」。どれも割烹系とは正反対のわかりやすさ。

⑤○○処
「酒処」「呑み処」「肴処」「味処」「酔い処」「くつろぎ処」「楽処」「呑み喰い処」「呑み処 喰べ処」「のみくい うたい処」。最後のはようするにカラオケ居酒屋だ。「処」がつくと、飲み食いが「呑み喰い」になりがちな傾向もおもしろい。

⑥フリースタイル
「酒味」「きまぐれ Diner」「くいしんぼうバル」「歌えるビストロバー」。自由。

⑦パブ／スナック系
「スナック」「ファミリースナック」「スナキャバ」「パブ」「レストランパブ」「パブスナック」。飲み屋の中でも特に言ったもん勝ちなジャンル。もはや正確な分別は不可能。

　この趣味、意外にコレクション性が高くて楽しい。（パ）

053 VRの焚き火を見ながら飲む

1年ほど前、ふとした拍子にVRゴーグルを購入した。スマートフォンをはめ込んで使うタイプのもので、通販サイトで3000円ぐらいで買ったのだったと思う。その時は確かジェットコースターのVR映像や海の中を色とりどりの魚たちが泳ぐVR映像などを見て「おー！　なるほどすごい。こういうものか」と思い、それで気が済んだ。元の箱にしまって部屋の隅に置いて、それから特に出番のないまま同じ場所にずっとあった。宝の持ち腐れ状態になっていたVRゴーグルだったが、「今こそ出番じゃないか！」と思い出した。

すぐに箱から中身を取り出し、久々の再会。ゴーグルにセットしたスマートフォンで「VR　焚き火」と検索する。YouTube上で「VR」と検索するだけで、かなり多種多様なVR映像を無料で楽しめるのだが、そういったもののなかに焚き火のVR動画があるのを私は知っていたのだ。気の向くままに外に出ることが難しい今、VRで焚き火を楽しんだら心が晴れるんじゃないだろうか。準備も片づけもいらないのもいい。

発泡酒を用意してジョッキに注ぐ。ゴーグルを装着し、「【VR180】焚火【ASMR】」と題された焚き火動画を再生する。パチパチと焚き木がはぜる音が聞こえ、目の前に暖かそうな炎が現れる。予想以上に臨場感があっていい感じだ。炎がゆらゆらと風にたなびいては時おり勢いを増す。その様子をぼーっと眺める。頭を動かすと斜め上方には夕暮れの空が見える。心が落ち着く……。

しかしあれだな、ジョッキの発泡酒がゴクゴク進む！　という感じではない。一旦ジョッキを床に置いて心ゆくまで焚き火動画を堪能したあと、ジェットコースターだのスカイダイビングだの派手なVR動画をやっぱり見てしまう。「うわー！　こわ！　あはは」などとひとりではしゃぎながらのほうがジョッキ酒にはマッチするかもしれない。中身をこぼさぬよう注意しないといけないが。

さらに時間が経ち、いつしか私は「VRホラー映像」みたいなジャンルの動画を片っ端から見ていた。ギャーギャー騒いでそれはそれで楽しかったのだが、「静かに焚き火を楽しもうと思っていたあの時の気持ちはどこに行ったんだよ！」と自分で自分が不思議になるのだった。㋤

054 ラーメンスープを作りながら飲む

家にいる時間が長くなると、無性にやたら時間のかかる料理を作ってみたくなる。そこで先日、「鶏白湯ラーメン」をいちから作りつつ、飲んだ。ネットで見つけた手順はこうだ。

前夜に水に昆布を放り込んでおいた「こんぶ水」大さじ4に、酒大さじ4、塩大さじ1、醤油小さじ1／2を加えて煮たたせ、最後にカツオ節少々を加えて「塩ダレ」を作る。↓鶏ガラ1羽分をよく洗い、30分水に浸して血抜きする。↓鶏ガラを料理バサミを使ってバキバキと折り、水を張った大鍋に入れて火にかけ、ネギの青いとこ、ニンジンの切れはし、ニンニク1片、ショウガ10g、玉ネギ1個を加えて煮込む。↓煮詰まってきたら水を足しながら、ひたすらゆでる。↓白濁したスープが完成したら、こしてどんぶりに入れ、塩ダレとゆでた中華麺を加えれば、鶏白湯〝素〟ラーメン完成。

トータルで8時間かけたが、その間、スープの味をみてはそれをつまみに酒を飲み、鶏ガラからほぐれた肉を小皿にとっては酒を飲む。それが、男のロマンという感じで、なかなかいい時間だった。

ただし、完成したラーメンは、あんなに時間をかけたのにどうも物足りない味わいで、あらためて店が恋しくなった。(パ)

055 外でラーメンを食べながら飲む

近所に「オコメノカミサマ」という変わった名前のラーメン店がある。2018年にオープンしたまだ比較的新しい店で、米を溶かし込んだダシを使った「米白湯ラーメン」という聞いたことのないジャンルのラーメンを出す。行ってみるまでは「奇をてらった店なのかな」と思ったりしたが、実際に食べてみるとこれがおいしくて、よく通っていた。

久々に店の前を通りかかったところ、このご時世ゆえにテイクアウトがはじまっていた。店内で食べるより安く、スープと麺と具材のセットを販売している。説明書通りに作ればお店で食べるのと遜色のないラーメンが家で食べられるわけだ。それを買った帰り道、晴れた空を眺めて思いついたのだが、台所で作ったラーメンをベランダで食べたらどうだろう。

通常であればお店の中でしか食べられなかったラーメンを、今だからこそベランダで外の風を感じながら味わうことができるのだ。

　でき上がったラーメンと焼酎の炭酸割りの入ったジョッキを持って外に出る。エアコンの室外機がテーブル代わりだ。麺をすすってみる。当たり前だが店で食べるのとほぼ同じく美味しい。「そうそう！　この味だよ！」と、空を見上げながらチューハイを飲む。これはこれで楽しい。㋤

056 「牛もつ煮込み」を作ってみる

　居酒屋で「煮込み」といえばいちばん多いのが豚もつ、続いて牛すじ、牛もつといったところが定番だろう。そのなかで「牛もつ煮込み」だけは自作したことがなかった。よし作ってみよう。

　スーパーで牛のシマチョウ（大腸）を買ってきた。これまで牛もつ煮込みを作ったことがない理由を考えると、このシマチョウというのはそのまま焼くだけで最高にうまいし、キャベツ、ニラ、ニンニクと一緒にめんつゆで煮てしまえば、文句のつけようもないもつ鍋が簡単にできてしまうせいだ。

　が、今日はこれを、以前たどり着いた自分好みの「肉豆腐」の味つけの割合である、砂糖：酒：みりん：醤油：水を、1：1：1：2：5に調合した汁で煮てみる。長ネギと豆腐も加えてみた。途中、味見をしてみるとものすごく味が濃かったので水を足し、もう一度沸騰させたら、あとは火を止めて放置。豆腐にじっくりと味が染み込むのを待つ。

　数時間後、いよいよ温め直した自作牛もつ煮で晩酌をはじめる。ぷりぷり、とろとろ、しゃきしゃきの牛もつがうまい。これ、店で出てきたら「ここでは煮込みだけは食べて！」と一緒に行った友達に激プッシュする出来なんじゃないだろうか？

　けど、もつを5かけくらい食べたら急激にその脂っこさがきつくなってきた。もつ鍋って実は、もつのうま味を吸った大量のキャベツが主役だと思っているんだけど、この煮込みは完全にもつが主役。いわゆる、少しでいいうまさだな。㋫

057 手品を見せてもらいながら飲む

パリッコさんとオンライン飲み会をくり返しているうち、だんだんふたりともわがままになってきた。「こうやって飲んでる時に、誰かが特技とか披露してくれたら最高じゃないですか?」「ああ、いいですね! 我々はそれを見ながら酒を飲むだけっていう。手品とかできる人いないかなぁ」と、ここだけ切り取ると、まるで貴族のような発言だ。しかし、ありがたいことに私たちには手品を見せてくれる共通の友人がいた。VJプロジェクト「ポータサウンズ」として、またゲーム・映像クリエイターとして活躍する〝腕〟さんである。

腕さん本人は「あくまで趣味でやってるだけで」と謙遜するが、パリッコさんは以前、飲みの席で突然手品を見せられ驚愕したのだとか。今回、トランプを使ったベーシックな手品をいくつかWEBカメラの前で見せてもらうことに。手元が映るようにカメラの位置を調整してもらうと、「オンライン手品バー」にでもいるような気分だ。

腕　じゃあ、一時期ハマって練習してたやつなんですけど、エースを4枚だけ使うマジックです。エースが4枚ありますよね。それをこうやって振ると、キングになるっていう。

（腕さんがカードを振ると、エースだったはずが一瞬でキングに変わる）

ナオ　えっ?

パリ　うわ、すげー!

ナオ　ははは。ずっと見てたのにね。

（カードを次々振り、4枚のエースがすべてキングに変わっていく）

腕　こんな感じです。これはずっと練習してましたね。

パリ　すごすぎる! もう、魔法ですよね。

ナオ　これ、有料配信でもいいよ。すごく練習したんですか?

腕　そうですね。ずっと鏡を見ながらとか。ははは。じゃあ続いて、キング4枚だけのマジックをやろうと思うんですけど。

パリ　さっきの続きだ。

腕　パリッコさん、4枚のうち、赤か黒どっちかを選んでもらっていいですか?

パリ　じゃあ赤!

腕　じゃあ残った黒のほうからスペードかクラブを、ナオさん選んでもらえますか?

ナオ　えーと、クラブ!

腕　残ったのはスペードですね。こうやって広げるとスペードだけが表になってます。

（伏せられたカードのうち、スペードのキ

ング1枚だけが表になっている）

ナオ　えー！　いつやったの？

腕　で、スペードのキングが残ることはわかってたんで、このカードだけ裏の色を変えてたんです。

（スペードのキングを裏返すと1枚だけ裏の色と柄が違う）

腕　スペードのキング以外は使わないことがわかってたんで、全部無地のままになっています。

（他の3枚のカードを裏返すとすべて表が真っ白だ）

パリ　すげーな。カメラの外で何かやってないですよね？

ナオ　これ、顔が映ってないけど本当に腕さんですか？

腕　ははは。

ナオ　これは腕さんのなかでは初歩のマジックなんですか？

腕　なんかまあ、割と小さい頃からやってたものですね。

パリ　もうプロにしか見えないですもんね。

（その後もいろいろとカードマジックを見せてもらう）

腕　どうでしょう。大丈夫でしたか？

パリ　すごいっすね。手品って。これ本当に酒が進むわ。

ナオ　できれば毎日お願いしたいです。

パリ　毎日配信したほうがいいですよ。

腕　ははは。YouTubeとかではプロのマジシャンがたくさんいますから。

ナオ　でも、こういうオンライン飲み会でも十分すごさが伝わるんですね。

パリ　むしろこのWEBカメラの画質が生々しくていいかもしれないですね。これさ、今度我々ふたりも練習して手品を見せ合いません？

ナオ　ははは。めちゃくちゃ下手でね。タネも仕掛けもバレバレで。

腕　それは楽しみです。

ナオ　えー！　いきなり緊張してきたな。

パリ　あえて腕さんのマジックのあとにやりましょうよ。

ナオ　罰ゲームですね、それ。

と、こちらの無茶ぶりに応じていくつもの手品を華麗に披露してくれた腕さんであった。私とパリッコさんはまさに貴族のように終始「わー！」だの「すげー！」だの言って騒ぎながら酒を飲んでいただけだったが、おかげで優雅な時間を過ごすことができた。

手品に限らず、オンライン飲み会をしながらお互いが特技を見せ合うというのはなかなかおもしろいんじゃないかと思った。「けん玉」でも「ペン回し」でもなんでもいい。従来のような居酒屋での飲み会では発見できなかった友人の一面を新たに見つけるチャンスかもしれない。

（ゲスト：腕さん）(パ)(ナ)

058 しいたけの命を奪って飲む

ひとり暮らしの無聊を慰めるべくしいたけを育てはじめた。ポコポコと発生して、気づけばきのこになっているのがおもしろい。収穫前の眺め酒もオツだ。軸は意外としっかりしていて、切り取るときに「命の抵抗」的な感触がある。焼けばそれは快い食感に変わった。命。㊙泡

059 ストーンプレートに盛りつける

先日、ふと100均の食器類のコーナーを見ると、300円する高級品ながら、かっこいいストーンプレートが売られていた。これ、小粋なバルなんかで前菜の盛り合わせがのっていたりするやつだ！　イメージのみだけど。とにかく、日々の晩酌に変化をもたらすグッズだと判断し、買って帰った。すごく重かった。

夜、さっそくそれを使ってみようとしたのだが、よく考えてみれば小粋なバルで出てくるような前菜は家にない。しかもちょうど冷蔵庫の食材が減ってきているタイミングで、適当なものがかなり少ない。それでもなんとか知恵をしぼり、自分流の今日のプレートは完成した。

内容は、ちくわぶの煮つけ、紅ショウガにゴマをかけたもの、「見たことも聞いたこともない食材のフルコースで飲む」の項で買ったパルミットにキムチの素をかけたもの、メンマにラー油をかけたもの、ミニ冷奴、星形のサラダせんべい。それらをつまみに飲んでみると、楽しくないことはないものの、オシャレな受け皿が「あり合わせ感」を逆に際立たせてしまい、なかなか切ない気持ちになった。(パ)

060 純粋に「酔い」と向き合ってみる

一度、純粋に「酔い」と向き合ってみたいと考えていた。つまり、その他の要素をなるべく排除して、ただ無心に酒に酔うのだ。日々の晩酌を生きる楽しみにしている自分にとって、それを実行するタイミングはなかなかない。が、午前4時前という変なタイミングで目が覚めてしまったある日、「今しかない」と実行することにした。

冷蔵庫から、この時のために冷やしておいた、いちばん純粋に酔えそうな酒、「ストロングゼロ〈ドライ〉500ml」を取り出してくる。部屋の電気を消し、念のためアイマスクをし、布団の上にあぐらをかいて、ストゼロをプシュリと開ける。

こくりとひと口。まず、ストゼロってこんなに豊かな味がするんだということに驚く。レモンやグレープフルーツなどの柑橘香が思いのほかフレッシュでうまい。が、今、味はどうでもいいんだった。

まだ酔いというほどではないけれど、後頭部や肩周りが温かくなったような、ふわりとほどける感じあり。続けてゆっくり飲んでいく。

5口目。ほんのりとではあるけれど、体がゆっくりと船を漕ぐように前後に揺れるような心地よさ。試しに一度立ち上がってみると、なんだかもうふわふわしている。さすがストゼロだ。

10口目。あれこれ遮断して鋭敏になっていた感覚がだんだん雑になってくる。柑橘香とかもあんまどうでもよくなってる。自分でも、目つきがとろんとし出しているであろうことがわかる。

20口目。確かだいたいそのくらいで飲み終わったと思う。全身がふわふわとかなり気持ちいい。軽くサウナの「ととのい」くらいの状態にはなっている。この世のすべてを愛の力で肯定したくなるような多幸感が、全身を包んでいる。さすがストゼロ。さすが酒。

まぁ、今がいちばんいい状態で、ここから飲み進めるほどにグダグダになっていくのも酒なんだけど。などと思いながら、二度寝した。

(パ)

061 いろんな器で飲んでみる

よく飲んでいる発泡酒「本麒麟」を、よく飲んでいない器5種で飲んでみることにした。

①おちょこ…当然だけど一瞬で終わる。

②コーヒーカップ…謎の背徳感があり、なぜか柑橘系の風味を感じる。

③みそ汁椀…自分のしていることの意味がわからない。

④真空断熱水筒…いちばん相性が悪く、なんだかみじめな気持ちになってくる。

⑤メイソンジャー…「メイソンジャーサラダ」なるものでいっとき話題になったあれ。悪くない。ストローで飲むからよく酔える気がする。㋩

062 IQテストを受けながら飲む

酒を飲んでボーッとしていると、自分はしっかり頭を使って物事を考えられているんだろうかと不安になる。「俺はバカなのか⁉　それともそうでもないのか？」と、酔ってそんなことを思っている時点で多分バカなのだが、一応確かめてみたくなる。パソコンに向かい「IQテスト」と検索してみると、無料でできる簡単なものが見つかった。最初にクリックしたものは全部で40問もある本格的なもので、とてもじゃないが今の状態で向き合えそうにない。「もっと簡単なやつないの？」と、どこまでもわがままである。

別のサイトなら8つの設問に答えればだいたいのIQをはじき出してくれるという。それぐらいならできそうだ。早速スタートしてみると、変なかたちの図形がいくつか出てきて「次のうち仲間はずれはどれでしょう」という。わかんねえー！　最初からもう感覚で答えるしかない。どの問題も答えに確証が持てない難しいものばかり。ようやく答え終わって結果を見てみると、100点中の73点、ずばり「ふつう」だという。「ふつうか……まあ、そうだよな」と、もっと褒められたかった自分に気づく。「あなたには天才的なひらめきがあります！」とか、嘘でもいいから言って欲しいものだ。㋤

063 「概念お絵かきしりとり」で飲む

ダラッとしたオンライン飲み会をしてみたくなる時がある。会話が途切れないように気をつかい合うような感じではなく、もう無言でも全然OKの気ままなやつ。そういう時に試してみるとちょうどいいのが「お絵かきしりとり」である。お互い黙りこくっていても気にならない友達とふたりで夜中にやるのにちょうどいい。

用意するのは紙とペンだけ。交互に絵を描き、カメラに向かってそれを見せる。「あー、なるほどね、はいはい」と、そのものの名を口には出さずに絵の表現力だけでしりとりをつづけていく。適当なところで答え合わせをしてみれば、「えっ！　これ豆腐かと思った！」「違うよ！　スポンジだよー」と、ささやかに盛り上がれる。お互い絵を描いている時は無口になって、静かな時間が訪れる。

しりとりとまったく関係のない話をぽつりぽつりとしながら、会話にもしりとりにも集中しきらず、ぼんやりしたテンションでやれるのがいい。

「スイカ」とか「カラス」とか、物としてわかりやすいものを絵で描き合っていると割と無難にしりとりができていってしまうので、途中で「概念しりとり」に切り替えてみた。「自由」とか「孤独」とか、目に見えないものを絵に描くのだ。これがもう、難度が高すぎて笑える。私は絵心がまったくないのでなおさらである。それを読み解かねばならない友人も大変だったろう。そこはまあしかし、別に正解でも不正解でもなんでもいいのである。たまに笑い合ってのんびりした時間さえ過ごせれば。私が描いた「わびさび」の絵は「自炊」と読み違えられた。お茶とししおどしを描いたつもりだったのだが、「えー！　飯ごうで炊いたご飯でしょ？」とのこと。

概念を絵にするのは難しい。そこで、もっと適当にやりたい人におすすめなのが「概念画像しりとり」である。オンライン通話と別に、相手とのLINEを立ち上げておき、そこにネットで拾った画像を貼りつけていく。たとえば卒業式の模様を撮影した画像を貼って「卒業」を表現し、富士の樹海のような森林の画像を貼って「うっそう」を表現するといった感じ。これならもう、ただ画像検索すればいいだけなのでラクラクである。少しだけ寂しい夜にぜひ試してみて欲しい。㋤

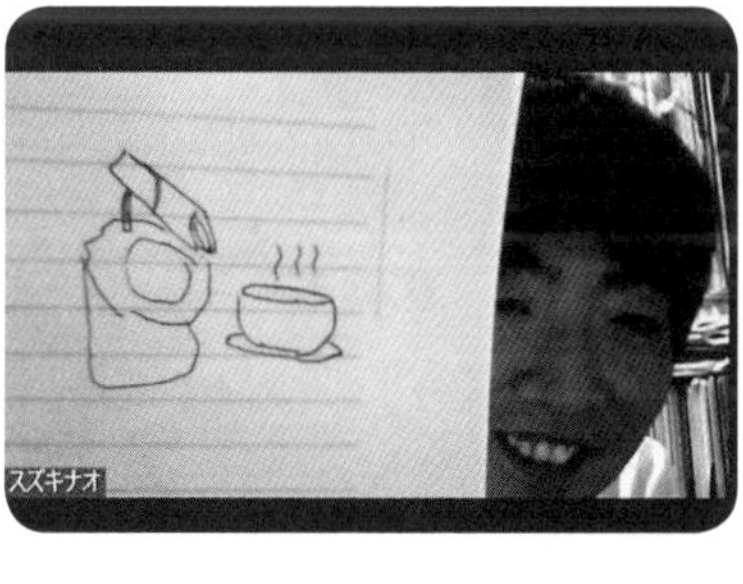

064 「いちばん高級なメニュー」で飲む

自分のように専門知識もなく特別な技術があるわけでもないフリーライターが今後の時代を生きていけるのだろうかと不安になる。特に3月以降は仕事がガクッと減ってしまったこともあり、できるだけお金を大事に使っていかないとヤバいな……と、心配し出すと胃がキリキリ痛む。

しかし、そうは言ってもたまには贅沢をして美味しいものでも食べないと元気が出ない。いいものを食べれば前向きな気持ちになって運気が上がり、仕事も舞い込んでくる。根拠はまったくないが、そういう好循環に入っていけるかもしれないじゃないか。そう思い、豪遊してみることにした。ただし、向かうのは近所のチェーン店だ。

まずは「ほっともっと」である。言わずと知れたテイクアウト弁当の一大チェーン。私は「ほっともっと」ではいつもいちばん安い「のり弁当」しか買わない。330円という値段が信じられないほど、満足度が高く、バランスのいい弁当である。他にもいろいろな弁当メニューがあるのは知っているが、いつもわき目もふらず「のり弁当」一択である。

しかし今日は違う。おそらく初めて、隅から隅までメニュー表を眺めまわし、そのなかからいちばん高級なメニューを選ぼうとしている！「Wカットステーキ重（肉2倍）」「カットステーキコンボ」「スペシャルカットステーキ弁当」の3つのメニューが890円という価格で首位に並んでいる（事前予約の必要な特注弁当などは除く）。そのなかからいちばんいろいろな要素が入ってお酒のつまみになりそうな「スペシャルカットステーキ弁当」をチョイス。

新しい自分の誕生に胸を張って店を出る。帰り道にあるスーパーで八海山の地ビール「RYDEEN BEER」のペールエールを購入。これも普段なら手の出ない高級ビールである。今日は徹底的にやる！

家に帰って早速セレブな昼飲み開始。しかしこの「スペシャルカットステーキ弁当」は、すごいな。カットステーキだけじゃなく、ハンバーグ、メンチカツ、ウィンナー、えびフライ、から揚げにポテトフライまで入っている。ポテサラと漬け物もある。1時間ぐらいかけて大事に味わってもいいんじゃないか。のっけ

からステーキがうまい。オニオン風味の利いたおろしソースがそもそも美味しいのだが、それでごまかしている感じがなく、「焼いた肉を食ってるなー」というしっかりした満足感がある。それで驚いていると、ひと口かじったハンバーグにやられる。メインを張れるうまさだ。メンチカツも食べごたえがあって最高。唐揚げももちろんだし……全部が主役だなこれは。また、普段滅多に飲まない地ビールの苦味がこの弁当の肉感にピッタリ合っている。1時間じっくり食べていくつもりが、5分後にはもう平らげていた。

翌日、今度は「マクドナルド」へ向かった。もちろんここでも最高級メニューしか見えていない。メニューのなかから最も値の張るものを探すのにまごついたが、790円の「グラン クラブハウスセット」がいちばんみたいだ。17時以降の「夜マック」というメニューだと、さらに肉が2倍になった「倍グラン クラブハウスセット」というのが890円であるらしいが、あいにく昼間である。おとなしく「グラン クラブハウスセット」を選び、「チキン マックナゲット」も一緒に買って帰る。

この「グラン クラブハウス」というのは、マクドナルドのハンバーガーを全体的にグレードアップさせたものみたいで、単品でも490円する。レタスやトマトなど野菜がたっぷりで、パティを上下から挟むようにしてベーコンも入っている。いつもマックでは「チーズバーガー」一択の自分だったので、こんな商品があること自体知らなかった。かぶりついてみる。うまい。スモークされたベーコンの香りがよく、さらにその後にパティのうま味も待っているというのだから、底知れぬ味わいだ。口の中のうま味バロメーターがマックス値となり、急いでコーラを飲む。コーラというか、正確にはセットでついてきたコーラに自分で甲類焼酎を追加したものだ。ストローで吸い込む。ポテトを乱暴に掴んでムシャムシャ。ここに「チキンマックナゲット」まであるっていうんだから、パーティーだ。ナゲットはバーベキューソースが好きだけど、必ずひとつはソースをつけずにそのまま食べるようにしている。それはそれでうまいので。

がむしゃらにバーガーを食べ終え、ポテトもあらかたなくなったところで「ちょっと急ぎ過ぎたな」と思った。せっかくの贅沢な食卓。今度はもっとゆっくり優雅に味わいたいものだ。（ナ）

065 みりんを割って飲む

みりんを飲もうと思った。正確には、ふとした気まぐれからみりんと焼酎を半々で割る冷用酒「柳蔭（やなぎかげ）」で一杯やろうと思ったのだ。

その日は早くから貴醸酒を飲んでいた。水ではなく酒を使って仕込む日本酒で、その製法がもたらす飲み口は濃醇甘口。冷蔵しておいた雪冷えの喉ごしも涼しく、初夏の昼酒には具合がいい。「辛口、燗酒もいいけど、甘口の冷酒もなかなかどうして」と機嫌がよくなった私は、その「甘口の冷酒」からの連想で柳蔭にたどり着いたのだった。

ストッカーから本みりんを取り出す。焼酎はいいちこと花札焼酎・萩に猪が目についた。前者の麦、後者の芋で飲み比べといこう。濃いめの酒を何杯か飲むことになるので器は猪口で少しずつ。また、しっかり冷やすには時間も足りないので氷を落としロックでやることにする。

猪口にみりんと焼酎を同量注ぐ。粘性の境に現れた陽炎のような屈折をマドラーで散らせばお目当ての完成。涼やかな薄飴色をしばし目で楽しんだあと、まずは麦の方からひと口。ん……そうか。つづけて芋。あ……そうか。焼酎の原料の風味とみりんの甘みが互いに譲らず主張している印象。たとえて「甘い麦焼酎」と「甘い芋焼酎」であればその甘さは蛇足。乾杯ならぬ完敗である。

そもそも柳蔭、みりんがもち米や米麹を原料とする都合で、焼酎も米焼酎がいいらしいのだがストックがない。

ならば甲類と思い立ちキンミヤ焼酎でリベンジ。飴色を愛でる余裕も忘れ、そそくさとひと口。お、いいかも。風味の衝突もなくスッキリした味わい。みりんの甘みをうま味として楽しめる飲み口。思わず一息に飲み干した。これで1勝2敗。

「他に何かなかったかな?」とキッチンを漁っていて花札蒸留酒・牡丹に蝶を掘り出した。梅酒を漬けたあとの実を蒸留したスピリッツで、いわば梅焼酎。さっそく試してみる。ほのかな梅の香りを嗅ぎながらひと口。ほっ、これは！　梅酒のような感じだろうとの下馬評を覆す、ややドライな飲み口が新鮮。風味と甘みのなじみもよく、猪口では足りぬと湯呑みに増量しておかわり。いける。

やっと2勝2敗。米焼酎を調達して決勝戦と行きたいところだけど、酔いもまわってきたし今日はこれぐらいにしといたろ。㊅

066 オンラインのボードゲームで遊びながら飲む

WEB飲みも同じメンツでくり返しているとマンネリ気味になってくるものである。話すことがそんなにない。お互い家にいる時間が多かったりすると特におもしろいエピソードが増えるわけでもなし……かといってひとりで飲むのは寂しい。そんな時はオンラインで遊べるボードゲームで対戦しながら酒を飲んでみるのはどうか。

早速、パリッコさんとふたりで試してみることにした。「オンライン ボードゲーム」と検索するといくつかの人気サービスを紹介するサイトが表示された。そのなかでも定番としていち押しされているのが「ボードゲームアリーナ」だ。有料のプレミアム会員になるといろいろできることが増えるみたいだが、基本的には無料で手軽に遊べるようである。

会員登録に少々手こずったが、そこからは特に問題なし。要するに「ボードゲームアリーナ」にある様々なボードゲームのなかから遊びたいものを選び、不特定多数の人とではなく、指定したふたりのみで対戦するように設定すればいい。Ｚｏｏｍなどの通話サービスも同時に立ち上げておけば、あれこれ話しながら遊ぶことができる。

さて、なんのゲームで遊ぼう。パッと見たところルールがわかりそうなものが全然ない。いや、きっとボードゲームに詳しい方ならすぐにわかるメジャーなものばかりだと思うのだが、パリッコさんも私もボードゲームに関する知識がほぼゼロ。「ライトゲーム」というカテゴリーから、なんとなくの勘で「ニムト」というゲームを選んでみる。

〝「ニムト」はドイツ生まれのカードゲームで、１９９４年の「ゲーム大賞」にもノミネートされた定番のゲームで……〟と、これは今調べて知ったことで、実際よくルールも確認せずにスタートしてしまったものだから何が何やらわからない。暗中模索状態のままゲームが終わり、「あれ、僕が負けたんですか？ 勝ったと思ったのに」「どうすれば勝ちなんでしょうね」と言い合う。しかしこのグダグダ具合が笑えて楽しい。いくつかのゲームを試しては挫折したあと、「ＵＮＯ」に似た「ＳＯＬＯ」というカードゲームにたどり着いた。これはルールをよく読まずともなんとなく理解できた。初心者が酒を飲みながらやるには「ＳＯＬＯ」がおすすめです！ (ナ)

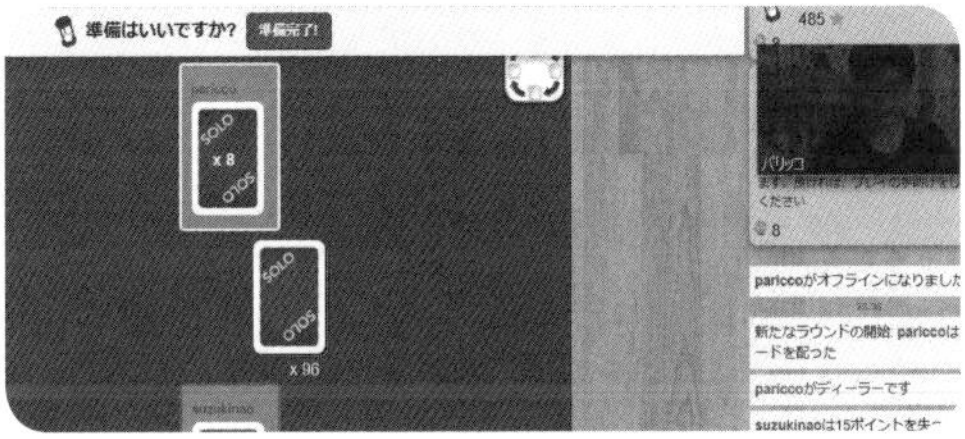

067 果物を使って作った酒を飲む

お裾分けや特売で大量に果物を入手した時、一部をカットして冷凍している。そこに焼酎と炭酸水を足すと、自家製フルーツチューハイができるのだ。

冷凍した果物を使ったチューハイはちょっと洒落た店でたまに見かけるが、自家製なら店にない実験的チューハイを作れる。

今まで試したなかで妙に心に残ったのは「熟れすぎた柿チューハイ」。グラスに柿を入れてチューハイを注ぐと、柿の繊維が中華スープの卵のように漂い、見たことない感じの光景に。飲んでみると、舌触りは面白いが、なんとも野暮ったいというか田舎っぽい味。その洗練されてなさゆえ「どこかの地方で愛飲されている酒だ」と言われると納得できる気もする。とりあえず店で味わえない酒であることは確かだった。

冷凍ではないが、バナナジュース割りを試したこともある。もしかしたらカクテルバーなどにあるかもしれない。バナナ、牛乳、氷、砂糖、そして焼酎を入れてミキサーにかけるのだ。

こちらは当然のようにおいしい……というか、アルコールの風味が完全に消え、自分で作ったのに「お酒入れ忘れた？」と不安になるほど。ゆえにハイペースで飲んでしまいすぐに酔いがまわる、かなり危険なシロモノだった。（た）

068 家飲みを野良飲みに近づける「ベランダ芝リング」

行きつけの河原でのチェアリングも叶わぬ日々。「緑に触れたい！」の一心でベランダに人工芝を敷いてみたら、これが最高だった。目を癒し、足裏をくすぐる〝ベランダ芝リング〟の誕生だ。緑と風を感じつつ酒をすすれば、「万事、まだ大丈夫」と思えてくる。（泡）

069
楽器を持ち寄って即興セッションをしながら飲む

友人と3人でオンライン飲み会をしていて夜が深まり、話すこともなくなった。すると友人のひとりがモニターの向こうで席を立ち、ギターを抱えて戻ってきた。「あれ、ギター弾けるんだっけ?」「弾けないよ」と笑いながら、基本的なコードを押さえるだけの素朴な演奏をはじめる。するともうひとりもまた部屋の奥に消え、いきなりバイオリンを持って戻り、ふたりで適当にセッションをしている。音楽未満の「音の出し合い」という雰囲気だが、不思議とずっと聴いていられる。じゃあ、と私もパソコンのブラウザ上で鳴らせる簡易シンセで適当に音を足す。3人がそれぞれ奏でる音がぼんやり混ざり合い、少し優雅なひと時になった。㋤

070
折り紙で飲む

ついに保育園にも自粛要請が出、3歳になったばかりの娘がずっと家にいる状況だ。近頃は公園の遊具まで封鎖されていて、飽きさせずに家で遊ばせてやれるよう、四苦八苦している。強い味方が100均で、おもちゃコーナーに、100円とは思えないようなクオリティのグッズがあれこれあり、本当に助かる。そのなかから、折り紙と、折り方の本2冊を買った。

娘はまだ本を手本に折るようなことはできないけれど、破ったり、紙飛行機っぽいものを作ったり、ピンクの折り紙だけを集めたりして楽しそうに遊んでいたので、買ってよかったと思った。

夜、晩酌の時にふと、自分も折ってみるかと思い立つ。するとこれが思いのほか難しく、久しぶりの感覚が新鮮でもあって、なかなか楽しい。高難度のやつは、複雑すぎて今の自分にはとうてい無理だ。ようやっと折れたのは、鳩、豚、兜。ひとつ完成するごとに嬉しく、酒がうまい。特に鳩のかわいらしさはなかなかのもんだと、我ながら気分がよくなった。

そういえば、子供の頃は余裕で作っていた「鶴」の折り方を忘れてしまっていることに気づき、本を見ながら折ってみる。あ〜、確かにこういう感じだった。なんとかうまくいった。よし、これでもう鶴はマスター。というわけで、今度は本を見ないでもう一度折ってみる。きちんと記憶が定着していなかったのか、酔っぱらってるからか、どちらにしても酒のせいだろう。ぜんぜん折れず、不恰好な謎の生物になってしまって、思わず笑った。(パ)

071 家飲み向上グッズあれこれ

僕は「酒場ライター」なんて名乗っているくらいで、それまでの仕事の多くは、まず酒を飲みに行かなければはじまらないようなものだった。このコロナ禍で、酒場への取材仕事がいったんすべて流れてしまい、「生活どうしよう……」と不安になっていたら、「家飲み需要」が一気に高まっている昨今、「家飲みを充実させるための記事を一緒に作れないでしょうか？」なんていう新たなお仕事の依頼をくれる編集者さんが結構いて、心の底からありがたく思った。

頼まれなくたって家でできることをあれこれ試していたし、その上、「仕事に必要だから」という理由で欲しいと思った家飲みグッズを買ってしまえる状況。家に物が増えるのは大変だけど、それ以上に楽しい。そこで、ここ最近入手し、楽しんだ家飲み向上グッズの一部をご紹介。

サンシェードテント

外に遊びに行けない子供の気分転換のため、庭先やベランダに気軽に張れるテントが、今大人気なんだという。そういう大義名分があれば、ネット通販の購入ボタンを押すハードルはどこまでも低い。娘が好きなピンク色の、３０００円程度のポップアップテントを購入した。

バサッとベランダに広げ、中に入ってみると、想像してたよりも立派にテントだ。小さなお膳と酒やつまみを持ち込み、キャンプ気分で飲み食いしてみたところ、ものすごく楽しい。名づけて「日常キャンプ」。

ちなみに娘は、初回に数分間入ったらもうテントには飽きてしまい、目下完全に自分専用となっている。欲を言えば、それなら緑色がよかった。

人工芝

飲み友達のライター、泡☆盛子さんが買ったと聞き、うらやましくなってその場で注文してしまった。ずっとベランダに敷いておくわけではなく、よく晴れた日に、レジャーシートなどを敷いた上にロール状のそれを広げる。そこに裸足で寝転ぶ。気分は完全にピクニック。最近の人工芝は、昔のいわゆるプラスチック丸出しのものと違い、まるで本物の芝生みたいな質感だ。あまりに気分がいいので、先日、寝袋をひっぱり出してきて、その上で野宿までした。

ロータイプのアウトドアチェア

買い出しの途中にふらりと覗いたリサイクルショップでひと目惚れした。タイプは僕やナオさんがチェアリングでよく使っている、もっともオーソドックスなラウンジチェアなんだけど、足が短くて座面がすごく低い。これを人工芝の上に設置し、足を投げ出して座ると、究極にリラックスできて、何時間でもそこに座りつづけてしまう。

足が短い分若干軽くてコンパクトなの

で、この状況が落ち着いたらチェアリングに持ち出すのも楽しみだ。

ビールケース

　案外知られていないことかもしれないが、ビールケースというのは、酒屋さんに頼めば、保証料税込220円だけで誰でもレンタルすることができる（店によってはNGの場合もあり）。不要になったら店に返せばいいのも気楽だ。これをひとつ入手し、上に適当なサイズの板をのせれば、そこはもうポータブルな「マイ酒場」。

　間借りしている仕事場に常備し、人がいない時にこそこそと出してきては、そこで「おつかれ酒」を飲んでいる。

短冊メニュー

　とある雑誌の企画で、ずばり「おうち居酒屋化計画」というページを監修させてもらった。舞台は知人編集者さんの家で、東京都の緊急事態宣言が解除された翌日、実際にお邪魔して、家の中を酒場風に改装するという楽しい仕事だった。その時に小道具として手書きした、居酒屋の壁にかかってそうな短冊メニューを数枚、お土産にもらって帰った。これを家の壁に貼ると、笑うほど店の空気感になる。

メスティンとポケットストーブ

　メスティンとは、アウトドアクッカーの名品で、炊飯や煮込み系の料理があれこれ作れる優れもの。旅館の夕食でよく見る固形燃料をセットできるポケットストーブもセットで購入。はじめてそれらを使って米を炊いた時、あまりの美味しさにびっくりし、思わず炊いた1合の米を一気食いしてしまって、ちょっとやりすぎたと後悔した。ベランダでの日常キャンプに大活躍中。

オリオンビールのちょうちん

　中に100均で買った電池式のLEDライトを入れ、ベランダの物干し竿に吊るしたら、もはやそこはビアガーデン。

100均の食器あれこれ

　食器類はこれまで、一応ちゃんとしたものを買うように心がけていたんだけど、100均で売ってるそれらしいもののほうが「安酒場っぽさ」は高いということに気がついて以来、ついつい買ってしまっている。梅の花が描かれた刺身皿が特にお気に入り。

　こうして振り返ってみると我ながら買いすぎだとは思うけど、こんな状況なんだから仕方ない。ということにしておいて、さて、次は購入すべき「七輪」の検討に入ることにしよう。　㋫

072
替え歌を考えながら飲む

飽きもせず、家でボーッと酒を飲んでいたら、ふと、「花屋の店先に並んだ〜いろんな花を見ていた〜」と、鼻歌を歌っている自分に気づいた。国民的アイドルグループ、SMAPが歌って大ヒットした、いつまでも色あせぬ名曲「世界に一つだけの花」（2002年作詞／作曲：槇原敬之）だ。特にSMAPが好きで聴き込んだ時期があるとかではない自分でも、多少あやふやなところはあるけど、1番くらいは通して歌える。きっと、スナックのカラオケで字幕を見ながらなら、最後まで歌い通せることだろう。あらためてすごい曲だ。

気持ちよくなって何度か出だしのところをくり返し歌っているうち、ある大発見をしてしまった。これ、「花屋」を、「八百屋」でも「駄菓子屋」でも「ラーメン屋」でも「靴屋」でも「古本屋」でも、どんな店に置きかえても成立するじゃないか！

楽しくなり、「何屋さんがいちばんしっくりくるかな〜」と、歌いまくってみたところ、「肉屋」が最も今の気分だ。よし、今日はこのまま替え歌を作りながら飲んでみることにしよう。そんな夜があったっていい。

肉屋の店先に並んだ
いろんな肉を見ていた
ひとそれぞれ好みはあるけど
どれもみんな美味しそうだね
この中で誰が一番だなんて
争うこともしないで
ガラスの中誇らしげに
しゃんと胸を張っている
それなのに貴様ら人間は
どうしてこうも比べたがる？
一人一人違うのにその中で
一番になりたがる？
そうさ 我らは 世界に一つだけの肉
一人一人違う特性を持つそのうま味を最大限引き出すために長年研鑽を積んだ料理人が熟練の技で調理するわけだが　勘違いしないで欲しい点は　手をかけるほど美味になるというわけではなく　それぞれの肉の特性を理解し　それに合った調理をほどこすのが重要であるということ　むしろ素材がよければよいほど無駄に手をかける必要はなく　例えば最上級の牛肉であれば　丁寧に焼いて岩塩をほんの少し足してやるくらいでいい　いや　まず最初のひと口目は　岩塩すら必要なく　素材そのものの味だけをじっくりと感じて欲しいほどだ
とはいえ加齢とともに肉類　とりわけ美しくサシの入った脂身の多い牛肉などは　量が食べられなくなってきた　極端じゃなく　近年は　最初のひと切れで満足してしまうほどだ　はたしてその一切れをなんの味つけもなしに食べて後悔しないだろうか？　いや　する　僕ならする　ならば最初っから牛脂でたっぷりのニンニクをカリカリに炒め　そこでステーキを焼いて最後に醤油をジュー！　うんうん　そっちのほうが断然いいじゃないか
あ〜なんか　完全にステーキの口になってきちゃったな　明日の夜はステーキ決定だな　何も高級牛肉じゃなくていい　西友でいつもお手頃価格で売ってるアメリカ産のステーキ肉でいいっていうかむしろ　あの肉こそが妙にうまいんだよな　最近完全に自分のなかのステーキの基準があれになっちゃってて……

あの、そろそろ寝ますんで。おやみなさい。（パ）

073 「おつまみは300円以内で」と決めて飲んでみる

小学生の頃、遠足の際に「おやつは300円以内で」と学校から言い渡され、100円玉3枚を握りしめて駄菓子屋に行くのがものすごく楽しみだった。あの頃の楽しさをまた味わうため、自分で自分に「今夜の晩酌のおつまみは○○円まで」と縛りを設けてしまうのはどうか？

また当時、友達と「お前何買った？」なんて見せ合いながらのおやつタイムが楽しかった。これも、オンライン飲みならば気軽に実現できる。当然、ナオさんとふたりでやってみることにした。

300円という制限があるからこそ、人に見せることを前提にしているからこそ最大限に発揮されるであろうクリエイティビティ。熱い戦いになりそうだ。

まずは僕の方針を決める。毎日が人生に一度きりの貴重な晩酌。300円以内とはいえ、妥協はしたくない。そこで、地元のスーパーのなかでもリーズナブルさに定評のある「まなマート」へ向かった。おもむろに鮮魚コーナーへ。そう、もしも手に入る刺身類があれば、そこに持ち金の大半をぶちこみ、残った金額で細々としたものを買って周りを固めようという作戦だ。はたして鮮魚コーナーには、たった1品だけ買えるものがあった。「紋甲いか刺し」200円也。となれば、安い納豆を買い、ひと手間加えて「いか納豆」にしよう。さらに残りでうまい棒の2、3本も買えれば御の字だ。と、喜び勇んで69円の納豆を手に取りレジへ。会計をすると、なんと296円。消費税め……。というわけで追加の駄菓子は買えず、僕の買い物は少し寂しい2品で終了。

その夜、ナオさんと飲みはじめる。ナオさんのラインナップは、1袋に20〜30枚は入っているであろう「いかみりん」せんべい、野菜サラダ、うまい棒4種と幅広い。しかもドレッシングが付いていなかったサラダにうまい棒を砕いて味つけするというトリッキーな作戦だ。「パリッコさん、イカ納豆1品食べちゃったら終わりでしょ？」「いや、単品納豆も残ってるから。それよりナオさんのサラダ、ちょっと水気足りなすぎじゃない？」そんな負け惜しみを言い合いながらの晩酌も、なかなか楽しいのだった。（パ）

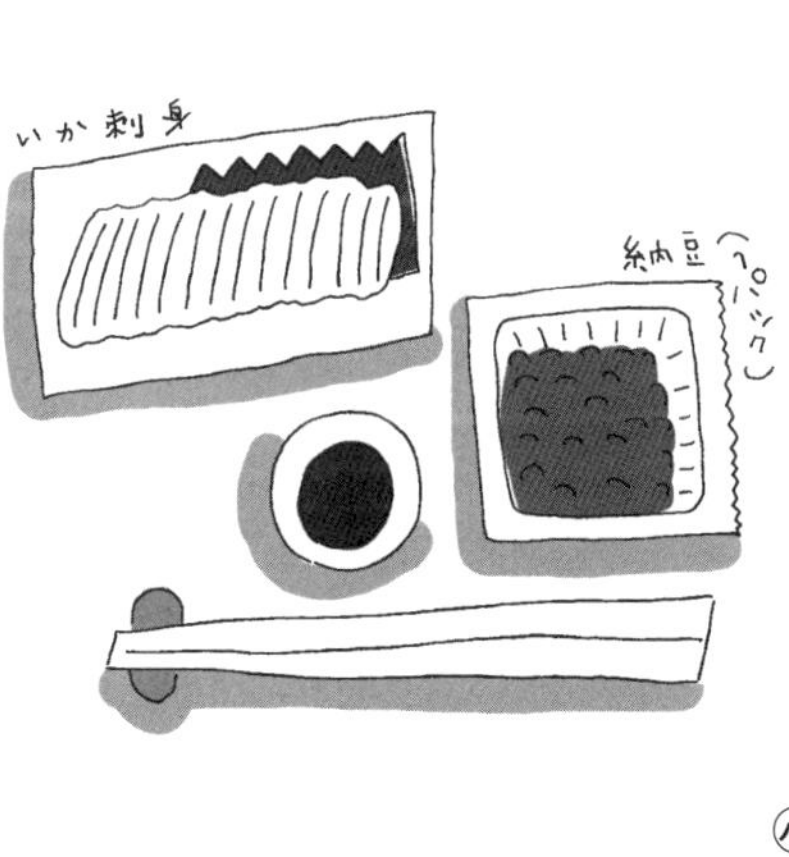

074 はじめてのオンラインカラオケ飲み

テレビを観ていたら、休業要請が解除になり、大阪市内のカラオケ店の営業が再開されたという話題が取り上げられていた。お客さんが入れ替わるごとに各室の消毒・清掃を行い、マイクももちろん取り換える。換気もマメにし、来店時にはひとりずつにマスクを配布。希望者にはフェイスシールドも配るという。レポーターが、「フェイスシールドを装着しても歌声はあまり変わりません」と、実際にマイクを片手に歌ってみせた。

　狭い部屋に人がギュッと入って大声で歌い合うというカラオケルームの特性はまさに今の時代に危険視されそうだし、これからのカラオケ業界の大変さを思うと簡単なことは言えないが、とにかく、その店のようにいろいろ工夫して前向きに頑張っているところもあるようである。

「カラオケな……久しく行ってないな」と、それを観て思った。普段からカラオケが大好きでよく行っていたかというとそうでもないけど、歌うのは嫌いじゃない。友達と集まり、何かについて話すでもなく、好きな歌を聴かせ合うというあの変な時間。最初は気恥ずかしくて、慣れて開き直ったあとはもう一気にどうでもよくなる。あの感覚、思い出すと懐かしい。

　そこで、オンラインのカラオケ大会を開いてみることにした。やり方は簡単で、基本的には普通のオンライン飲み会と変わらない。事前にネット検索をして調べてあったのだが、今はYouTube上にカラオケ用の〝オケ〟がたくさん公開されていて、メジャーな曲であれば割と多く見つかる。ちゃんと歌詞も表示され、まさにカラオケ店で流れる映像さながらである。

　オンライン会議ソフト「Ｚｏｏｍ」の画面共有機能を使い、ひとりがオケを流しながら、それに合わせて歌う。それが終わったら次の人が自分のパソコンの画面を共有して好きな歌を歌う、とリレーしていけばいいのだ。

　もちろん、カラオケ店なら音響設備が整っていて、気持ちいいエコーを利かせながら歌うことができるけど、この即席オンラインカラオケではそれは難しい。要するに「YouTubeに合わせてただ大きな声で歌っているだけ」という感じになる。かなり照れそうだが……。まあやってみよう。

　いつものオンライン飲み会仲間に集まってもらい、Ｚｏｏｍの会議室を用意。最初は雑談をしつつ、酒を急いで飲み、歌い出せるぐらいの酔い加減になるのを待つ。まずは言い出しっぺの私が、尾崎豊の「15の夜」を歌ってみることにした。普段なら同じ尾崎豊でも「I LOVE YOU」を歌いがちな自分だが、「バラードはかなり恥ずかしいんじゃないか」と、この選曲になった。「15の夜」のサビの勢いを自分の力に変えるイメージで歌い出す。音楽機材につなげて使っているマイクが部屋にあったので「見た目だけでも」とそれを手に握る。マイクを握ると気分がグッと盛り上がる。マイクがなくても筒状のものであればなんでもいいと思うので、もし試される方はそういったものを手に握ってください。

さて、歌い出してみると、思ったよりオケが静かである。そうか、カラオケ店だったらオケを大きな音量で出せるわけだが、普通にパソコン上で再生するのであればそうもいかない。そこに自分の細い歌声が乗る。エコーなしの裸の声である。これはなかなか心細い。

また、これもあとから考えれば当然のことなのだが、オンラインでつながっている他の参加者のパソコンやスマホからの音声も入り込んでくる。参加してくれたメンバーのひとりの家には1歳になる赤ちゃんがいて、お腹が減ったらしくて泣いている。その赤ちゃんの泣き声と、パパがそれをあやしながら離乳食用の食材をすり鉢ですり潰している「ズン！ズン！」という音も私の「15の夜」にかぶってくる。そんななかで自分が歌い続けているのが、途中でバカバカしくなってくじけかけたがなんとかサビまでたどり着いた。

オンラインカラオケについて事前に調べていた時、「1番だけ歌ってどんどん交代していくのがおすすめ」と書いているサイトがあって、読んだ時はどういうこと？　と思ったのだが、なるほど、サビを1回歌って気が済んだらすぐ次へとバトンをまわすぐらいでちょうどいいのである。長い歌をじっくり聴き合う、みたいなテンションはどうしても保ちにくいのだ。

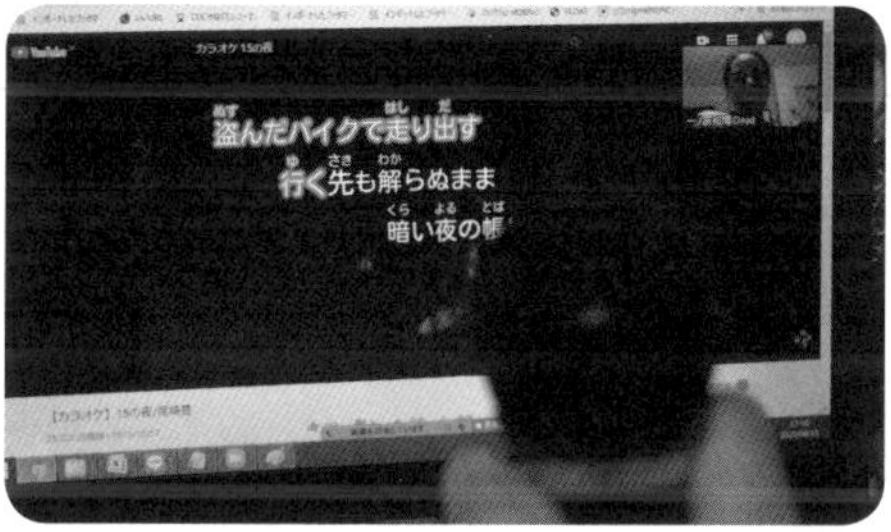

それにならってすぐ次のメンバーへパス。友人は、得意曲であるBEGINの「島人（しまんちゅ）ぬ宝」を歌う。自分が歌っている時と違い、他人が歌っているのを聴くと、このシュールな状況がいよいよ客観視できる。自分でカラオケ大会に誘っておきながら、「何急に歌ってんの？」と言いたくなるような不思議さで、笑ってしまう。しかしこれはこれで楽しい。

サビまでを歌い終えた友人に感想を聞いてみると「歌ってる時は割と本物のカラオケ気分だったよ」と言う。また、赤ちゃんをあやしていた友人は「子供をあやしながらカラオケに参加できるなんて普通は無理だから楽しいよ」とのこと。案外みんなに好評で、録画しておいたその時の模様を夜中にひとりで見返してみるのも楽しかった。（ナ）

075 懐かしい酒を飲んでみる

実家暮らしだった大学時代、仲のよかった地元の友達数人が連日のようにうちに集まり、酒を飲んでいた。当時は焼酎の「純」が定番だったが、ある日「度数が高くて得っぽい」というだけの理由で「ズブロッカ」なる酒を買ってみたら、これがなかなかいけて、しばらくハマった。が、その後はすっかり存在を忘れてしまい、もう10年以上は飲んでないかもしれない。そこで、久々に買って飲んでみることにした。

ズブロッカは、ウォッカに、ポーランドの世界遺産「ビャウォヴィエジャの森」で採れるバイソングラスを漬け込んだ酒らしい。当時はビンにちょろりと入っている草が異物混入みたいで笑えるな、くらいにしか思っていなかったが、まさかそんなたいそうな森で採った草だったとは……。

久々のズブロッカを、まずはストレートで飲んでみる。度数が40度もあるので、喉が焼けるようなアルコール感。しかしながらあと味はふわりと甘くておいしい。そうそう、こんな味だったな。一般的には「桜餅」に似ているとも形容される香りらしく、うんうん、確かにそんな感じだ。

しかし当時はこの酒をどうやって飲んでいたんだったかな。忘れた。そこでロックグラスを用意し、ソーダ割りにしてみる。これはいい！　上品な桜餅サワー。ヨーロッパで唯一太古の自然を残しているという、ビャウォヴィエジャの森の光景が頭のなかにパーッと広がる（どういう森かは知らないので想像で）。

おまけでついてきたオリジナルグラスが、かわいいのも得した。（パ）

076 日記を書きながら飲む

お酒を飲みながら日記を書き、後日シラフの時に読み返すと結構おもしろい。普段の自分が使わないような詩的な言葉を使っていたり、些細なことでやたら落ち込んでいたり、妙なギャップがある。酔った時の自分のキャラ変を垣間見れて、ヒヤヒヤしつつも楽しい。（た）

077 虚無のつまみで飲む

きびしいダイエットをしていた頃があり、その当時はよく「虚無飲み」と名づけた家でのひとり飲みを開催していた。ビールを大量に買い、つまみはきゅうり、トマト、ゆでたキノコなどを塩で食べる。つまみのカロリーの低さに重きをおくことを「虚無」と呼んだのだ。刺身こんにゃくも塩でいった。

(古)

078 家庭菜園の初歩の初歩で飲む

ライターの玉置標本さんとLINEでやり取りしていて「ベランダ菜園してみたら？」とおすすめされた。確かに、在宅時間が長くなって鬱々としがちな日々の気晴らしに家庭菜園がいいという話はちらほら耳にしたことがある。「私でもできますか？」と玉置さんに聞いてみると、「土買ってきて、種まいて、水をあげればいい」とのこと。それが本当なら私にもできそうだ。すぐにメルカリでパクチーとルッコラの種を購入。うまく育ったら料理に使えそう。パクチーを浮かべた自家製チューハイなんか美味しそうじゃないか。

100円ショップでプランターを手に入れ、近所の花屋さんで土を買ってきて、届いた種をまいてみる。人差し指の先で土にくぼみを作り、そこに種を入れて土をかぶせ、上から水をやる。「こんなんで本当に芽が出るのかな？」と、半信半疑だ。しかしあとは待つしかない。1日、2日、3日と経ち、ふとベランダに出てみると、ルッコラのプランターのほうに小さな芽が出ているではないか！　感じたことのない喜びである。というか、もうこの可愛い芽を見てるだけで酒が飲めそうだ。そう思い、ベランダに椅子を置いて「芽生え酒」を楽しんだ。

(ナ)

079 コンビニかけ合わせグルメで飲む

コンビニエンスストアで売られている複数の食料品を自在に組み合わせて新たな味わいを生み出す「コンビニかけ合わせグルメ」という楽しみ方がある。そのアイデアの生みの親が、ミュージシャンのディスク百合おんさん。パリッコ、スズキナオとも旧知の仲であるディスク百合おんさんをゲストに迎え、3人でWEB飲みをしながら「コンビニかけ合わせグルメ」を試してみた。

パリ　「コンビニかけ合わせグルメ」とWEB飲みは相性いいですよね。

ナオ　なかなか一体感を感じにくいWEB飲みで、一緒に何かを作って食べられるという喜びは大きいですね。コンビニで同じものを買っておけばいいだけだし。

百合　モニター越しにワイワイ作るのも楽しいです。

ナオ　百合おんさんにおすすめしてもらった、セブンイレブンの「素材の味わいかぼちゃサラダ」と「おつまみカニカマ」のかけ合わせ、美味しかったな。

百合　彩りのいい冷菜を意識して考えてみました

パリ　いつも甘みとしょっぱみを臆せず掛け合わせるよね。そこがすごい。

百合　トライ&エラーです！

ナオ　かけ合わせを成功させるコツってありますか？

百合　よくやるのは「再現」ですね。「これとこれをかけ合わせたらあれになるんじゃないか！」みたいな。例えば、学生時代に醤油味のカップラーメンにコンビニのホットスナックのチキンをのせてよく食べていたんですが、それはゼロから考えたというより「パーコー麺」を再現してみようというイメージでした。

パリ　なるほどね。すでにあるものに近づけていくんだ。

百合　そういうふうに考えると失敗が少ないです。

ナオ　酒のつまみとしておすすめのかけ合わせグルメはありますか？

百合　かけ合わせでおつまみを作るのには、とにかくポテサラが有能です。黒豆を混ぜ合わせるのが定番なんですが、佃煮のごま昆布も合いますよ。

ナオ　ポテサラにごま昆布を入れるんで

すか？

百合　そうです！　ポテサラの包容力はすごいです。ジャーキーを割いてポテサラに混ぜて、一晩置くと塩味とスパイシーさが移っておいしかったり。

パリ　ポテサラすごいな。

ナオ　みんなでポテサラを手元に用意しておいて、そこにかけ合わせたら美味しそうなものを提案し合うのも楽しいかもしれないですね。

百合　あー！　いいですね。かけ合わせのポリシーにしているのが手軽さなんです。フライパンとか包丁とかはなるべく使わない。混ぜるだけでいいのがいちばんです。特にWEB飲みしながら楽しむなら、簡単に作れるのがなおさら重要です。

パリ　あのさ、これまでの「生涯ベストかけ合わせ」は何？

百合　アハハ！　迷う〜！　すごい地味だけど、セブンイレブンのミニクロワッサンの端をちぎってピノを詰めて食べるやつかな。

ナオ　想像しただけでおいしそうですよ。

百合　他にもいろいろあるけど、限定商品とかを使わず、いつでも手に入るもので美味しいのはそれかな。名前も気に入っていて「ピノワッサン」と呼んでいます。

ナオ　じゃあ、ポテサラを詰めて「ポテワッサン」は？

百合　普通に美味しそう。

パリ　たとえばですが、クロワッサンにイシイのミートボール３個詰めるのはどうですか？

百合　あー！　参った！　美味しそうで悔しい！　パリッコさんの才能には嫉妬します。

ナオ　じゃあ、僕はひじきを詰めます！

百合　やめとけ！

パリ　ははは。

百合　僕は……卯の花を詰めてみようかな

パリ　まずそー！

百合　才能のなさがバレた。

ナオ　いろいろ試したくなってきたな。

パリ　「〇〇ワッサン選手権」

百合　おもしろそう！　それやりましょう！

手軽に試せる上、突拍子もないアイデアが功を奏したりして楽しい「コンビニかけ合わせグルメ」。もともとそれぞれ単体の商品として売られているだけあり、そこまで大きな失敗がないというのもいい。混ぜたりのせたりするだけの簡単なアイデアに絞れば、オンライン飲み会の格好のネタになりそう。ぜひお試しあれ！

（ゲスト：ディスク百合おんさん）（パ）（ナ）

080 知らない人の歌を聴いてスナック気分で飲む

ふと、こんな思いが込み上げてきた。「知らない誰かの歌が聴きたい」と。コロナ禍を迎える以前、私はそれほどスナックに頻繁に行っていたほうではなかった。でも、たまに行く機会があると、そこで歌い交わされている数々の歌の魅力に毎度しびれるのだった。まったく知らない人が歌う、まったく知らない歌。

テレビ画面に表示される歌詞を追いかけながらその歌をじっと聞いていると、今初めて耳にしている歌声から、その人が生きてきた時間が少し透けてくるようにも思え、そうするとますます歌声が味わい深く感じられるのであった。

しかし、今、いちばん聴くことが難しいのが、その「知らない誰かの歌」なのではないか。営業中のスナックもあるんだろうけど、大手を振って行ける雰囲気ではないし、なんだか無性に知らない人の歌声が聴きたいなと思って検索してみると、「ポケカラ」というスマートフォン向けアプリが見つかった。アプリに登録されている多数のカラオケ曲を伴奏にして自分の歌声を録音し、アプリ上に公開して他ユーザーとコミュニケーションできる、という主旨のものらしい。基本的な機能を使う分には無料のようなので早速インストールしてみた。トップ画面からたくさんのユーザーがアップした歌声を聴くことができるのだが、スマホアプリというだけあって利用層が若いのであろう、目立つ位置に表示されるのは「あいみょん」や「米津玄師」の曲である。しかし、好きな曲名、アーティスト名で検索することもできるので、検索窓に「酒」と入れてみれば、タイトルに「酒」の文字を含む曲がずらりと表示される。たとえば香西かおりの「酒」という曲名をタップしてみると、その曲を歌っている多くのユーザーのなかで特に人気を集めている人の名が表示され、その方の録音したカラオケ音声を聴くことができる。再生してみて驚く。自分の部屋が一瞬にしてスナックみたいに感じられるのだ。決して本物の歌手には出せない庶民の歌声の味。聴いているだけで不思議と前向きな気持ちになる。そしてまた、今この時期だけあってかなり多くのユーザーが利用しているようで、最近アップされた歌声が多く、それに対する「上手です！」「最高！」といったユーザー間のはげましコメントも多数。なんと平和な世界だろうか。

㋤

081 渡し船に乗って旅気分で飲む

外出自粛が叫ばれるようになる直前。人ごみを避けつつ少しだけでも旅気分を味わえないかと、渡し船に乗ることにした。

大阪市内西部には、川の向こうへ運んでくれる無料の渡船場が8か所ある。

そのなかのひとつ、桜島と天保山（てんぽうざん）を結ぶ「天保山渡船場」の乗り場は、私の家から徒歩圏内。しかし、天保山周辺は「海遊館」という大きな水族館がある観光地で、普段の私はあまり行かない場所だ。そのなじみのなさを利用して、渡し船でたどり着いた天保山を散歩したらちょっとした旅行気分になれるのではと考えた。

数日後、天気のいい日に渡船場へ向かう。川を見ながら船を待つこと20分、対岸のほうから白と水色にカラーリングされた船が近づいてきた。

これは……想像以上にワクワクする！

開放的な造りの船が動き出すと、かなり揺れが大きい。手すりにしっかりつかまって眺めを楽しもう。……と思っている間に、なんともう対岸に着いた。乗船時間はおそらく1、2分ほど。

対岸へ降り立って道路へ出ると、そこはもういきなり天保山エリア。いろいろなお店が並ぶ華やかな通りだ。

とはいえ、それらの店も今はほとんどお休み。軽く散策だけして、コンビニでお酒を買って天保山公園で飲むことに。

起伏が多い公園内の階段を登っていくと、見晴らしのよい高台にたどり着いた。

眼下には草花や木、そしてその向こうにさっき私が渡ってきた川が見える。

このあとまた、あれに乗って帰るんだな。

そう考えると、思いがけずまたワクワクしてきた。「船に乗って帰る」という行程が散歩に加わるだけで嬉しい気持ちになる。

チューハイをゆっくりと飲む。夕暮れ前の陽が反射している水面を、いつの間にか春らしく色づいた草花を、夏を目前に勢力を伸ばしつつある木々を、見る。この穏やかな時間が私の望んでいた「旅気分」にかなり近くて、ちょっと感動してしまった。

気が済むまで高台でぼんやりしてから帰りの船に乗った。やっぱり乗船時間はほんの一瞬。そして船を降りたら、家の近くのなじみある風景だ。

あーあ、帰ってきちゃった。やっぱりもっといたかったな。いっそあっちのほうに住もうかなあ。と、帰り道にそんなことを思うところまで旅気分なのだった。（た）

082 好きな「缶チューハイ」と「コンビニおつまみ」

コンビニへ行けば色とりどりの缶チューハイや手軽なおつまみが並び、酒飲みにとっては夢のような時代。そこでSNSを利用し、「好きな缶チューハイ」「好きなコンビニおつまみ」についてアンケートを行ったところ、ゆうに100件を超える回答が集まった。集計をもとに人気だった商品を実食してみる。

好きな缶チューハイ

1. タカラ 焼酎ハイボールドライ
2. KIRIN 本搾りレモン
3. タカラ canチューハイレモン
4. KIRIN 本搾りオレンジ
5. KIRIN 本搾りライム
6. KIRIN 本搾りグレープフルーツ
7. KIRIN 氷結レモン
8. タカラ 焼酎ハイボールレモン
9. サッポロ チューハイ99.99 クリアドライ
10. アサヒ ザ・レモンクラフト

パリ　アンケートの上位3位、納得しすぎてしまって。酒好き友達の間では「焼酎ハイボール」って、もう常識みたいな感じじゃないですか。とりあえずあれ飲んどきゃ間違いないって。しかもさ、コンビニにあんまないんすよね。それを押しのけての1位。

ナオ　確かに。ただ、あるところにはやけにありますね。100円ローソンすごいでしょ。

パリ　そう。地元の100円ローソンなくなったら生きていけないですよ。こんなに人気なんだから、どこのコンビニにも置けばいいのに。ちょっと存在が渋いんですかね。あくまで甘くない「チューハイ」なんですよね。例えば「本搾り」「氷結」みたいなキャッチーさではない。

ナオ　はい。よく考えると「ドライ」ってなんだよな。

パリ　お酒、そこまで興味ない人からしたら「何味なんだよ！」。

ナオ　はは。そうそう。

パリ　そこへいくと2位の本搾りレモンは真逆のベクトル。果汁と酒だけっていうのが売りですよね。

ナオ　本搾りシリーズはやけに評価高かった。4、5、6位もこれですからね。前、友人から「会社の近くのコンビニに本搾りライムが並ぶようになった！」ってＬＩＮＥが来ました。知らねえ！

パリ　「就職決まった！」くらいの。

ナオ　はは。そうそう。

パリ　個人的に、ちょっとスペシャルな日に選ぶのが、タカラ「ｃａｎチューハイ」。

ナオ　オーラが違うんですよね。

パリ　威厳があって、５００mlで２８０円しますよ。高級品。

ナオ　だってさ、今挙がった上位３位のＴシャツがあったとして、いちばん着たいのは、タカラｃａｎチューハイでしょ。

パリ　はは！　というか、着たいチューハイなんてこれくらいじゃないですか？

ナオ　まさにブランド。

好きなコンビニおつまみ

ナオ　こっちは山ほど集まりましたよ。ほぼバラバラで集計不可能。

パリ　みんないろいろ知ってるよなー。結果を見て気になるのを探しに行ったら、ちょっと時間が遅かったからか、軒並みなくて。とにかく候補に出ていたもので見つけられたのが、セブンイレブンの「野菜スティック」と「豚とろスモーク」。野菜スティックって、そもそも買わなくないですか？

ナオ　確かに。おすすめするぐらいだから、ならではの特徴があるのかな？　いや、単純に好きなのかな。

パリ　これが、キュウリ、ニンジン、キャベツ、大根が入ってて、味噌マヨネーズが付いてる。ただそれだけのシンプルなもんなんですが、絶対また買う。

ナオ　味噌マヨもよさそうだな。

パリ　うん。さすがセブンって感じの絶妙な美味しさなんですよね。酒以上につまみって、こんな機会でもないとあれこれ挑戦しないっすよね。

ナオ　決まったものを食べがち。

パリ　ちなみにナオさんは？

ナオ　同じくセブンから、「たことブロッコリーバジルサラダ」と「明太ポテトサラダ」です。今、食べてみてますが、どっちも笑えるうまさ。たことブロッコリーだけじゃなく、じゃがいもと豆も入ってて、罪悪感の薄いおつまみですね。ただ、もちろんその逆サイドとして、ローソンのナガラ食品「ホルモン鍋」みたいのも人気がある。

パリ　あれはいい！　コンビニおつまみ界の焼酎ハイボールというか。

ナオ　唯一といっていいぐらい複数票が入ってました。

パリ　明太ポテサラはどうです？

ナオ　ポテサラってそんなにやみつきにならないけど、明太パワーで飲まされますね。

パリ　不可抗力みたいな。

ナオ　俺が悪いんじゃない。

パリ　それでいうと、豚とろスモークも飲ませてきますね。口もとに酒をグイグイ押しつけられてる感じ。

（パ）（ナ）

083 田舎に帰った気分で飲む

私の両親は東北の山形生まれで、盆や正月になるとよく連れて行かれた。いとこがたくさんいて、みんなそれほど年齢も離れていないので、遊び相手には不自由しなかった。いとこたちの遊びは東京で過ごしていた自分にとっては新鮮なものばかり。夏は近くの川で川エビを獲ったり、冬は裏の山でソリ滑りをしたり、自然と触れあって全力でかけ回るのは、東京では部屋にこもってファミコンばかりしていたひ弱な自分にとって、新しい世界が開けるような体験だった。

大人になってからも、東京や大阪での暮らしにちょっと疲れるたびに「山形に行きたいな」と思い、新幹線代を工面して出かけていた。かつて一緒に野山を駆けまわったいとこたちはみんな酒好きになり、たまにやってくる私を迎えて宴会を開いてくれる。宴会といっても、座敷でただただ酒を飲むだけだが、テーブルの上には山菜だの漬け物だの、いかにも山形らしい食べ物が並び、そういうものの美味しさが歳を重ねるごとにわかってきている自分にも気づく。シメには必ず里芋の入った「いもこ汁」が出てきて、汁物好きの私はそれを何杯もおかわりする。酔いつぶれて広い座敷に寝転んでいるとこれ以上望むもののない幸せに包まれる。

外出ができない日々のなかで、何度となく山形のことを思い出した。裏山まで散歩して、広い座敷でみんなで酒を飲み、うつらうつらと横になりたい……。まだまだ新型コロナウィルスの収束というゴールが見えないなか、それができるのはだいぶ先のことに思える。

恋しさがつのり、山形の食材を取り寄せて飲んでみることにした。山菜が名物の旅館「出羽屋」の「月山（がっさん）山菜そばセット」と、高畠という町にある「つけものと手打ちそばの伊澤」の漬け物や燻製ナッツをそれぞれ通販で購入。後日、届いたそれらの食べ物を味わいながら晩酌を楽しんだ。

「月山山菜そばセット」はどんぶりに山菜が山盛りになってしまうぐらいのボリュームで「これが月山のふもとで採れた山菜か」と、一つひとつの苦味や香りがこの上なくありがたく思える。青唐辛子を味噌に漬けた山形名物「南蛮味噌」は辛くてしょっぱくて、最高に酒が進む。「ああ、一刻も早く山形にのんびり出かけられる時が来ますように」そう強く思いながら、とりあえず今は山形の味をじっくりと噛みしめるのだ。(ナ)

084 あの日の給食メニューで飲む

私が生まれ育った神戸市は、１９５０年に完全給食が開始され今年２０２０年が70周年にあたるらしい。そういえば、市のインフォメーションでも一昨年あたりから関連イベントの開催や書籍の出版など、給食に関する話題を目にする機会が増えた気がする。

私自身、給食から縁遠くなって三十余年が経つわけだが、あのアルマイトの食器に盛られた数々のメニューを思い出すと、やはり今でも胸躍るものがある。なかでも特に印象深いメニューが「くじら肉のノルウェー風」というもので、当時の語彙で伝えるなら「クセのある肉にうまくて赤いタレがかかっている」それは、「ノルウェー風」なる冠の聞き慣れなさも手伝って、何をどうやってこうなっているのかがいささか想像しにくい謎のメニューではあったのだが、その食べごたえと独特の甘い風味が私は好きだった。

そんな謎のメニューも、現在では市が一連のキャンペーンの一環でクックパッドに公開したレシピにより「片栗粉をふって揚げた鯨肉と素揚げしたじゃがいも、人参をケチャップベースの甘辛いソースで和えたもの」と正体が明かされているのだが、もうとっくに小学生ではなくなった私はそれを見て「これ、いい肴になるんちゃう?」と思わずにはいられないのだった。

5月のある日、満を持して計画を実行に移した。日頃のお手軽メニューにはない下味をなじませる待ち時間や油で揚げる工程が気分を盛り上げる。少々難儀しながらも完成したそれは、あの日のあのままの風体で湯気を上げていた。

せっかくの給食メニュー、合わせる酒はキンミヤの牛乳割りと洒落込もう。

肴のしっかりした味つけに負けないよう焼酎は濃いめ、氷は溶けて水臭くなってしまうことを嫌ってはなから入れずにおく。もうひとつ重要なポイントを挙げるなら、それらを給食よろしく昼酒でやることだろう。

熱を入れて旨味が凝縮されたケチャップの香りが鼻をくすぐる。鯨肉は噛めば噛むほどに滋味が広がり酒を進ませる。懐かしくも新鮮なマリアージュをしばし堪能していると、牛乳割りの焼酎が濃すぎたか酔いのまわりがいつもより早く感じた。グッと伸びをして目を閉じれば、昼休みのはじまりを告げるチャイムがどこかで小さく聞こえたような気がした。㊤

085 「バカレシピ」で飲む

パリ　僕の古くからの友達で、野島慎一郎さんという方がいまして。
ナオ　「どん二郎」の野島さん！　存じげております。
パリ　そうそう。「どん兵衛」をラーメン二郎風にアレンジするレシピが話題になって、今や「バカレシピ」の人。今日はそんな「バカレシピ」で飲んでみようということで、おすすめをいくつか聞いておきました。誰でもまねできそうな、簡単なやつ。
ナオ　バカレシピってご自身で言ってるぐらいだから、見た目からしてすごい。
パリ　失礼な気もするけど、やっぱりバカとしか言いようがないっす。で、それぞれひとつずつ試してみようということでね。そうだ、ナオさんの「焼きうまい棒」、熱々のうちに食ってください！

ナオ　よし。チーズからいってみよう。
パリ　さすが、バカな見た目だよな〜。
ナオ　ね！　あ、チーズかと思ったらコーンポタージュだ。
パリ　ははは。
ナオ　うまい棒って袋から取り出した段階でもうなんだかわかんないですよね。めんたい味以外。
パリ　新たな発見。
ナオ　炙っちゃってるからもう、きりたんぽみたいだし。
パリ　似てるな〜。秋田の炉端焼き屋に行って、焼いてるのが実はこれだったら笑える。
ナオ　はは。「それをください」って頼んで、食べてみたらサクって。おっと、肝心の味を伝え忘れてましたが、香ばしいです！
パリ　香ばしいでしょうね、絶対に。
ナオ　香ばしさの向こうにいつもの味わい。
パリ　酒は進みますか？

焼きうまい棒

チーズ味やサラミ味などの主張があまり強くない味のうまい棒を用意し、ハケを使って醤油を塗り、トースターで焦げ目がつくまで焼くだけ。まるで屋台の焼きとうもろこしのような香ばしさ。これはおすすめです。
（野島慎一郎）

たこわさビーフ

コンビニのたこわさびをわさビーフの袋に全部入れ、シャカシャカポテトの要領で袋を振って混ぜたらでき上がり。スナック感のあるたこわさびに。たこわさのタレで少ししっとりしたわさビーフもクセになる味です。（野島慎一郎）

ナオ　進む進む。喉が乾きます！

パリ　はは。二重の意味で。

ナオ　パリッコさんの「たこわさビーフ」はいかがですか？

パリ　食べてみますね。……お〜、ははは。うまいな！

ナオ　うまいんだ。

パリ　たこわさび、もともとびしょびしょじゃないですか？　それが、水分をポテチに吸われて、なんていうんだろう、一夜干しみたいな感じに身が締まってて、ちょうどいい珍味になってますね。あと、味が濃くて酒がすすむ。

ナオ　ははは。同じ現象。ポテチ側はどうですか？

パリ　うまい！　もともと「ぬれ煎餅」とかしけった菓子が好きなほうだし、しかもその「ぬれ」成分が、超うまい液だから、むしろこっちがメインってくらい。わさび味だし、大人のぬれポテチですよこれ！

ナオ　初耳！　大人のぬれポテチ。

パリ　ちょっとアダルティーな。

ナオ　発想が自由ですよね。実は他にもいろいろおすすめしてくれて、パンの代わりにファミチキで具材を挟む「ファミチキ de ホットサンド」もやばいですね。

パリ　見た目最高バカ。

ナオ　真似するのが怖いもん！　どんな時に食べればいいんだろう。

パリ　失恋した時とか？

ナオ　そういう感じですね。人生に何かあった時。

パリ　これ食って「ははは、なんかバカらしくなってきた！　次の恋探そっと」。

ナオ　バカパワーで前向きに。

パリ　しかも説明に、「大食いタレントのもえのあずきさんも絶賛してくれました」って書いてある。普通の人で頼むよ。

ナオ　はは。確かに。絶賛してくれる人がとんでもない奇才ですもんね。

パリ　けど「ファミチキ de ホットサンド」はともかく、バカレシピで飲むのは楽しいので、またやりましょう！　(パ)(ナ)

086 水を酒だと思って飲む

私の場合、家で飲んでいる間はちびちび、ダラダラと飲み続ける。誰かとオンライン飲みをする場合でも、ジョッキに薄めのチューハイを作って少しずつ飲んでいく。お酒を作るために何度も席を立つのも面倒だし、自然と酒量が減ってくる。で、適度なほろ酔い状態になったら、あとはすぐ寝てしまう。そんなこともあって二日酔いが減った。

その一方、休肝日を作るのが難しい。家にいるとどうしても気持ちが窮屈になってくるので、せめて酒の楽しみだけは確保しておきたい。しかし、二日酔いという派手なかたちではないにせよ、やはり連日の酒が体に疲労を蓄積させていくことはあるだろう。うーむと悩み、苦肉の策として考えたのが「水を酒だと思って飲む」という方法。

ここ最近の私は、台所でグラスに水を汲んできて、そこに甲類焼酎を適量注いで薄めの水割りを作って飲んでいたのだが、たまに「あれ？　焼酎入れたっけ？まだだっけ？」とわからなくなる。で、飲んで確かめてみても焼酎が入っているような入っていないような、釈然としない。だいたいかなり薄めに水割りを作るものだから、水と似た味なのである。ってことは……もう、水でいいんじゃない？

試しに台所で水を汲み、おつまみのナッツの入った小皿とともに手元に並べる。アルコールなしのただの水である。いつも通りパソコンに向かい、ツイッターを見たり、ニュースをチェックしたりして、その合間にグビッとひと口、水を飲む。ナッツを少しほおばり、塩気を流すように、水を飲む。うむ、思ったより全然いけるぞ。自分をだませる。

そもそも水って、ちゃんと味わうと少し甘い（気がする）。酒の持つ甘みが、すでに水にもあるのだ。まず重要なのは他のことをしながら飲むこと。私であれば深夜のインターネット徘徊だ。あえて興味を別の何かに向けることで〝よそ見状態〟が生まれる。よそ見をしながら飲めば水と酒の差はそれほど気にならない。あと、飲む水を常温にするのも大事かも。そのほうが酒っぽい甘みが感じられる気がする。「まったく酔わない」という点を除き、水はだいたい酒と同じであることがわかった。

㋤

087 Googleストリートビューで擬似旅行をしながら飲む

新しい酒の本『のみタイム』を作ろうという話は、実は結構前から出ていて、スタンド・ブックス代表の森山裕之さん、スズキナオさんと、「第1号はどんな特集にしようか?」なんて話を、よく飲みながらしていた。もちろんコロナの「コ」の字もない時代で、必ず出たのが、全員が大好きな「キンミヤ焼酎」の製造元「宮崎本店」に工場見学に行こうという案。いつになるのかはわからなくなってしまったが、ひとまずGoogleストリートビューを使い、予行演習しながら飲むなんてどうだろう? ナオさんとオンラインでPC画面を共有しつつ、擬似旅行に出てみることにした。

宮崎本店は三重県四日市市にある。まずはそこへピンポイントで、ストビュー坊や(正式名称は知りません)をドロップ。すると、雰囲気のある工場施設が目の前に見える。まるで小学校のような作りの建物が本社だろうか。校舎なら時計のある位置に、見慣れた「宮」のロゴマークが燦然と輝き、ふたりで「かっこいいー!」と大はしゃぎ。

次に、この近くには「宝焼酎」の工場もあるそうで、普段からお世話になりまくっているそちらへも行ってみることに。すると失礼ながら、宮崎本店が小学校っぽかったのに対し、宝酒造はまるで大学。僕たちがそれぞれの焼酎に対して抱いているイメージが反映されているようで、「どっちもいいですねぇ」と、深く味わった。

その後、最寄駅である、近畿日本鉄道名古屋線「楠(くす)」駅や「北楠」駅周辺をぶらついてみる。のどかな街だがポツポツと味のある酒場が点在していて、「実際に行く時はここに寄りましょう!」と盛り上がる。訪れたことのない街に突然愛着が湧いてくるストリートビュー飲み、かなり楽しいな!

さらに、もっとも近い大都市である「四日市」駅周辺へ。駅前に「四日市一番街商店街」という巨大なアーケード街があり、ナオさんとよく飲んだ大阪の天満や、これまでに訪れた甲府、前橋、松本などの街とも似ているような気がして次々に思い出す。こんなにも散歩してみたい未訪の地が、日本全国にまだまだあるなんて本当にすごいことだと、酒のせいもあってなんだか感動してしまった。

最後にナオさんと、「この状況を抜けたら四日市に飲みに行くのを、今後の人生の目標のひとつにしましょう!」と誓い合い、寝た。(パ)

088 アメリカにいる友達と飲む

コロナ禍に突入し、オンライン飲みの機会が劇的に増えた。今までだってできたんだけど、その発想がなかったのは、単に頭が固かったということだろう。そうなってみて気づいた最大の発見はというと、いつでもどこでも誰とでも、思い立った時にすぐに顔を見て話せるという、インターネットを使っているならかなり当たり前の事実だった。

僕とナオさんの共通の友達に、イアンというアメリカ人がいる。「ナードコア」という、日本のインディーズ音楽シーンにおいてもかなり特殊なテクノが好きすぎて、数年前にアメリカから日本に移住し、その間にレアな音源を収集しまくって、日本人でも誰もなし得なかった体系化という大偉業をなし遂げ、『イアンのナードコア大百科』を自費出版した。そしてイアンは、残念なことに昨年1月、故郷のアメリカに帰ってしまった。

彼女と幸せに暮らしていると聞いて嬉しく思いつつ、次はいつ会えるんだろうと、ときどき思い出しては寂しい気持ちになっていた、イアン……。あれ？　オンラインなら、いつでも顔を見て飲めるじゃん！

ナオ　お〜、イアンだ！

パリ　ひさしぶり〜！　今仕事終わりなんだよね？　そっちは何時？

イアン　そうね。仕事が夜中の2時くらいに終わって、今は朝の5時。

パリ　夜勤なんだ。なんの仕事してるの？

イアン　ア〜、なんていうか……ある業界の専門の端末のサポート。会社の端末は日本にも置いてあって、自分は日本専門のサポートをしてる。なんだけど、現在は日本の端末の数がすごく少なくて。

パリ　じゃあ仕事は割とのんびりしてるんだ。

イアン　そうね。フフ。

ナオ　あんまりサポートの問い合わせが来ない日もあるの？

イアン　そう。メールは1日に数件。電話は週に2、3件しか来ないこともある。

パリ　はは。いいな〜！　でも日本語ができるからこその貴重なポジションだよね。今、日本は夜の9時だけど、だからこそこうやってタイミング合わせて飲みやすいんだし、ありがたい。

ナオ　今はアメリカのどこに住んでるの？

イアン　ワシントン州のいちばん北の西のところ。

パリ　そっちでの暮らしは最近どんな感じ？

イアン　ここはオレゴン州のポートランドに近くて、そこでは2週間ぐらい前から、ほぼ毎日のように大変なことが起こってるけど。

ナオ　あ〜、デモとか。

イアン　そうなんだけど、ここはそこまで大変ではない。コロナではあるけど、あまり普通と変わらないような。

ナオ　別に街に出てもいいし、お店もやってる？

イアン　そうそう。買い物に行くと、マスクをしてる人は3割くらいかな。1か月前だったら5、6割だったけど。

ナオ　レストランとかにも行ける？

イアン　先週くらいから店内でも食べられるようになった。それまでは持ち帰りオンリーだったけど。

ナオ　日本から見てると、アメリカ大変そうだなって感じだけど、場所によっても温度は違うんだ。

イアン　うん、そうね。ニューヨークとかシアトルのように人がたくさん集まってる街じゃないから。

パリ　しかしさ、すっげぇ広い家だね！

イアン　ハハ、そうね。これ、2階もあるから。

ナオ　家のまわりはどんな感じなの？

イアン　自分の家があって、そのまわりに自然があって、もっと行くといろいろ、焼肉とか、ピザとかのレストランがある。日本の田舎のような感じ。

パリ　前にイアンが住んでた練馬区の富士見台あたりとはまるで違うな。

イアン　うん。まず、みんな車を使うから、どこかまで歩いて行くことはほぼない。

パリ　最近、日本にいる時ほどナードコアの情報は手に入らないと思うんだけど、家では何してすごしてるの？

イアン　ア〜、そうね、最近はゲームをやってるかな。コロナの前にも、出かけて友達と遊ぶとかはそんなにやってなかったから、あまり変わらない。アメリカだと、友達がバラバラなところにいるから。

パリ　結構のんびりやってるんだ。庭でバーベキューとかはできる？

イアン　一応できる。

ナオ　はは。なんかいいな〜。でも、イアンが日本に来たり、うちらがアメリカに会いに行ったりとかできるようになるのは、まだ先になりそうだね。

イアン　そうね。先ほど彼女とも、日本に行きたいねなんて話してて。いつになるかわからないけど。

パリ　うん。でもいずれまた、実際に会って乾杯しよう！

　このあとも久しぶりに顔を見ることができたイアンとの話は尽きることなく、かなり長丁場のWEB飲みとなった。遠く離れていてもお互いの顔を見ることができて、何気ない近況報告ができるありがたさ。なんだか無性に前向きになれる時間だったような気がする。

　ストリートビューで見せてもらったイアンの家やその周辺。いつか本当に、遊びに行きたいな〜！

（ゲスト：イアンさん）　(パ)(ナ)

089 虹を見ながら飲む

　夕方、今日も今日とてベランダで酒を飲もうと、コンビニへ酒を買いに出かけた。雨が降るかもしれないという予報は聞いていたが、僕は、家を出る時に雨が降っていないと、どうも用心して傘を持っていくという選択ができない。ついなんとかなる気がしてしまう。ゆえに、急な雨に降られてずぶ濡れ状態で家にたどり着くことが、年に何度もある。つまり、今日もまたそうだったというわけだ。「雨に降られちゃった〜」なんて生半可な状態じゃない。本気で全身びしょ濡れ。すぐにシャワーを浴び、タオルで体を拭く。究極の不快感から一転、超さっぱり。ふと窓の外を見ると、空は笑っちゃうくらいに晴れていた。

　まだ晩酌の準備はできていないけれど、とりあえず一杯やるしかない状態。夏らしい気候にそそのかされ、珍しく買ってみたのは「ストロングゼロ」の夏限定「ダブルパイナップル」。プシュッと開け、まるで生のパイナップルにかぶりついたかのようなフレッシュな味わいを堪能。

　ふと妻が「虹、出てないかな?」と言う。そういえば、とベランダに出てみると、なんと見事な虹が目の前に。それを見てはしゃぐ娘を横目に、数分間の「虹見酒」を楽しんだ。 (パ)

090 黒と白のビールを割りながら飲む

　黒ビールと白（普通）ビールを混ぜて飲む「ハーフ&ハーフ」という方法がある。自宅なら比率は自由に変えられるので、50：50だけでなく75：25だって可能。

グラスを3つ用意すれば、割らずに缶のまま飲む100：0を含めて、なんと2本のビールで5通りの味が楽しめるのだ。白から黒へと順番に飲んで味のグラデーションを確認し、好みの割合を見つけてみよう。 (玉)

091 豆腐を心の底から味わって飲む

どんな食べ物でも本気でじっくり味わおうとしてみると楽しい。味覚の解像度をいつもよりグッと上げるイメージ。たとえば豆腐一丁を、なんの調味料も添えずにただ食べてみる。最初の瞬間こそ物足りなく思えるが、あとからあとから大豆の風味が湧き出てくる。半分食べたあたりで塩をほんの少し、10粒ぐらいだけふりかけてみよう。塩というものの威力に圧倒される。とんでもなくうまい！　あくまでほのかな塩味でいいのである。「これ以上うまいものなんてないのでは？」と思うほどだが、難点はあまりに繊細な味わいすぎて合わせる酒選びに悩むところ。どうしても酒の味が勝ってしまい、あれだけおいしかった豆腐の味がまた遠くへ行ってしまうのだ。普段食べている酒のアテがいかに濃い味かわかる。

(ナ)

092 「あの頃はよかった」と感傷的に飲む

コロナ禍は今後の社会のあり方を大きく変えるだろうと言われている。感染者数が徐々に抑え込めたとしても、世の中がいきなり元通りになってギュウギュウ混み合う店で酒が飲めるようになるということは考えにくい。そう思うととても悲しいので普段はできるだけ前向きな未来をイメージするよう努めているが、たまには徹底的に感傷的に「あの頃はよかったな……」と思い返しながら飲む夜があってもいい気がする。

２０２０年の１月頃の画像データを見返してみると、フェリーで九州へ旅に出たり、酔客がひしめく狭い店でニヤニヤとビールジョッキを掲げたりしている自分の写真が見つかる。数か月後にはそんなことが遠い夢のように思えるなんて知りもしなかった頃。

２０１９年の夏までさかのぼってみる。父とふたりで帰省した山形で、親戚たちと庭先にゴザを敷いて花火大会を見ながら飲んだ。人で賑わう浅草の仲見世通りを歩き、町中華のシンプルな醤油ラーメンを食べながら飲んだ。神戸・新開地の立ち飲み屋をふらふらになるまでハシゴした。ダメだ……悲しすぎる。でもきっとこの変化のなかにはいい面だってあるはず。とりあえず今はそう信じ込むことにして、グラスのチューハイを飲みながら泣いている。

(ナ)

093 同じ一日を振り返りつつ飲む

２０２０年２月、新型コロナウイルスの騒動をどこかまだ遠く感じていた頃、パリッコ、スズキナオのふたりで静岡県の御殿場市に出かけたことがあった。もともとはウェブサイトの企画で取材に行ったのだが、事情によってその記事はお蔵入りに。しかし、ギリギリの時期にできた小旅行だったからか、その日の思い出は不思議と鮮やかに残っている。外出自粛要請こそ解かれたものの、気ままな旅行ができるのはまだまだ先になりそうな今、改めてその日のことをじっくり思い返しながらオンライン飲み会をした。

ナオ　あれはいい一日だった。

パリ　最初に降ろしてもらった御殿場のサービスエリアからして最高だったなー。絵に描いたような富士山。

ナオ　あんなに大きく見えるとはね。ふたりとも折り畳みの小さい椅子を持ってたから富士山チェアリングもできて。

パリ　また、SAの売店で買った「足柄名物　いかの姿焼きせん」がうまいのなんの。

ナオ　「姿焼きせん」って言ってもパリパリしてないんですよね。柔らかくて厚みがあって。

パリ　今、あの味を思い出しながら飲んでます。

ナオ　その後、御殿場駅のほうまで行ったんですよね。２月だけどポカポカ陽気でしたね。

パリ　御殿場といえば、ハンバーグチェーンの「さわやか」が駅の近くにあるんですよ。一度は行ってみたかった。

ナオ　うまいハンバーグをつまみにビールを飲もう！と。

パリ　下調べもせず、とりあえず行ってみたんすよね。そしたら90分待ちと言われて。

ナオ　予約券をもらって、その間とりあえず散策することに。

パリ　「こむぎ」っていうパン屋さんがあって、「塩パン」を買って飲みましたね。

ナオ　そうだそうだ！　めちゃくちゃおいしくて。

パリ　うますぎた。今のところ人生1位の塩パン。なんでしょうね？　あのうまさ。今、塩パンの写真を見てるんですが、酒がすすむ。

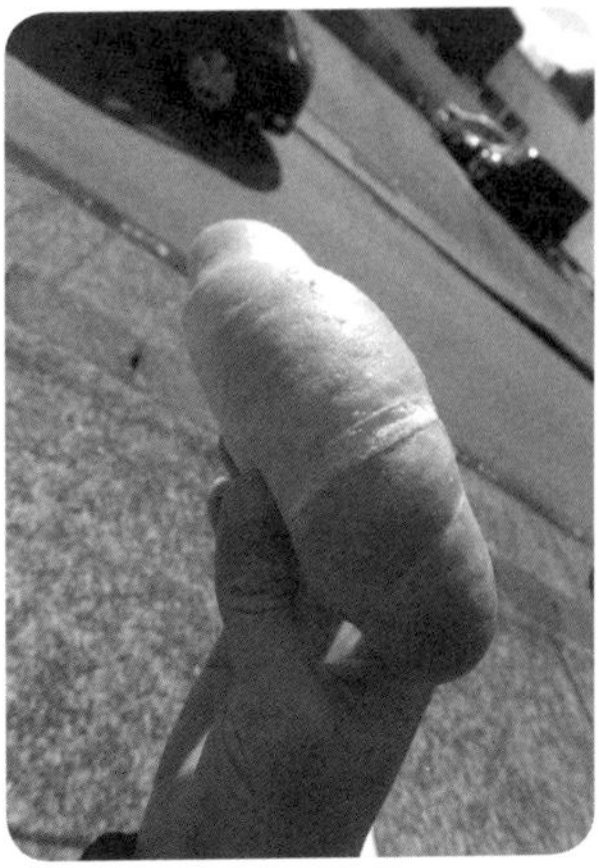

ナオ　その後、駅前まで歩いてみたらちょうどバスが来たんでした。行き先が「ごてんば市温泉会館」となっている。「え、温泉……?」って。

パリ　乗っちゃいましたよね。バカだから。「さっと入れれば戻ってこれるっしょ!」って。

ナオ　いきなり飛び乗った。

パリ　しかも調べたら、この施設がもうすぐ閉館してしまうって情報が出てきたんですよね。

ナオ　そうそう。「これを逃したらきっと一生行けない」と。

パリ　温泉会館、最高すぎましたね。富士山がどーんと目の前に見える風呂。

ナオ　窓から富士山が見えて日が差して。それで、お風呂から上がったあとの休憩所がね。

パリ　天国でした。

ナオ　お客さんがみんなくつろいでいて、ビールと名物のゆで卵を。

パリ　ナオさんがゆで卵を頼んだのがうらやましくて、どうしても味わっておきたくなり、帰りに買って、バス待ちの間に無理矢理口に詰め込みました。

ナオ　はは。もうバスが来るっていうのに買ってたもんな。で、帰りのバスにまた飛び乗って「さわやか」に大急ぎで戻ったんだけど、

時間的にギリギリアウトぐらいだったんです。

パリ　駅からの微妙な距離がもどかしかった。

ナオ　予約券を見せたらお店の方が「100分後にまた来てください」と。

パリ　はは。10分増えた。90+100=190分待ったバカ野郎。3時間以上ですよ!

ナオ　で、またバカだから「100分間、また散策しますか!」と。懲りてない。

パリ　今度こそ駅前から離れないようにしようと、線路を越えた反対側までちょっと行ってみることにしました。反対側はいわゆる、昔ながらの店が残ってるようなエリア。どこかで軽く昼飲みできないかな~なんつって。

ナオ　でもちょっと昼時を外れてたから、

飲食店も休み時間になってたりしてね。

パリ　そしたらなんとですよね。

ナオ　たまらない風情の店が並んでいる一画があって。

パリ　「ナオさん、カラオケが聞こえません⁉」って。

ナオ　昼過ぎから営業しているスナックがあったんですよね。

パリ　あまりに出来すぎのタイミング。

ナオ　知ってて来てなきゃおかしいぐらいすんなり入店。「みっちゃん」と名乗るご婦人が先客としてひとりいて。

パリ　めちゃ陽気だった。

ナオ　歌がお好きらしくて「歌ってあげようか！」って言うから「わー嬉しいな！　ぜひぜひ！」って言

ったら「じゃあ100円！」って。

パリ　カラオケおごらされましたね。

ナオ　もちろんおごります。というかもう1000円入れてみんなで歌いまくろうと。

パリ　だからさ、「『さわやか』待ってるんでしょ？」っていう。

ナオ　ははは。しかも1回失敗したくせにね。それで、みっちゃんの息子さんが隣の店にいると。「隣の店に息子さん？」「じゃあ行こう！」だって。

パリ　なんで親子で隣の店で昼から飲んでんだ。

ナオ　ね、しかもだからって我々も行くことないのに。

パリ　ははは。でも、そこも最高でしたねー！　大将の目の前に鍋があっておで

んか煮込みかなんか作ってるのかと思ったらただのお湯。お湯割りを頼むとそこからお玉ですくう。

ナオ　めちゃくちゃいい空間。ここでもみんなカラオケ歌ってて。

パリ　常連のかわいいおばあちゃんが歌ってた「津軽海峡・冬景色」もすごかった。

ナオ　あれはよかった。歌にリズムや音程なんか関係ないんだってわかりました。喉をふるわす、それだけでいい！

パリ　そしていよいよ「さわやか」だ！　でもすでにいろいろ食べて少し酔っ払ってもいて、まさかの、ひとりしかハンバーグ頼まないという。

ナオ　ははは！　190分後にそれかよっていう。

パリ　僕は石焼ビビンパみたいの頼みましたよ。なんとなく食いたくて。

ナオ　そうそう。私のハンバーグをシェアしてね。

パリ　あとポテトと赤ワイン。「サイゼリヤ」かよ！

ナオ　あちこちでいろいろ食べたな。塩パンに温泉のゆで卵とさわやかのハンバーグを挟んで、最後にあのお湯割りのお湯をぶっかければ。

パリ　ははは。「酒の穴」の「御殿場サンド」。怒られそう！

ナオ　で、「さわやか」を出たらちょうど帰りの時間でね。夢みたいだったな。

パリ　帰り際の富士山もまたよかった。絶対に、また行きましょう。御殿場に。

ナオ　その日を待ちましょう！

お互いが撮影した写真を見ながら、共通の思い出を振り返りながら飲む。それによって記憶の底から掘り出される小さなエピソードがたくさんあったりして話が尽きない。楽しく回想しているうちに「また絶対行きましょう！」と、前向きにいつかのその時を待てるような気分になった。

(パ)(ナ)

094 松ぼっくりを眺めながら飲んでみる

道ばたに「ご自由にお持ちください」のダンボールがあると必ずチェックしてしまう。先日もそんな箱を見つけ、近づいてみると、中身が大量の松ぼっくりだった。せっかくなのでふたつほど持ち帰り、「意外にかっこいいな」なんて眺めながら酒を飲んだ。

(パ)

095 赤ちゃんをあやしながら飲む

子育て中の友人たちとWEB飲み会をしていた時、友人たちが赤ちゃんを座らせた状態で相次いでカメラの前を離れ、「自分以外みんな赤ちゃん」という瞬間が発生した。複数の赤ちゃんを身振り手振りであやしながら酒を飲んでいると、笑いが込み上げてきた。

(ナ)

096 天啓を受けてアレしたチーズで飲む

6Pチーズやベビーチーズを海苔で巻くのが好きだ。少しずつ食べたいので、面倒～と思いながらも指先でチーズをちぎってきたが、先日天啓を得た。「茹で玉子カッターで切ろう！」。一瞬で好ましい小ささになったチーズを愛で、誇らしい気分でビールを開けた。

(泡)

097「気をつかわないで済む」を楽しむ

「気をつかわないで済む」ことの価値を最大限高めて堪能できるのが自宅でのひとり飲みなのではないかと思う。酔いすぎても誰にも迷惑をかけないし、うっかりした発言を翌朝悔やむこともない。そもそも「気をつかわないで済む」ことのよさは日頃はそんなにないと私は思っている。少しくらい気をつかってでも人といたほうが楽しい。家飲みに限ってはその価値が高まるのだ。㊄

098「冷蔵庫の中からムービー」を撮り合って飲む

動画撮影ボタンを押したスマホを冷蔵庫の中に置き、そのままドアを閉める。すぐにドアを開け、普段通り缶ビールでも手に取りまた閉める。スマホを取り出してみれば、冷蔵庫の中からの視点で撮られたシュールな動画ができている。これを友達と見せ合うと楽しい。㋤

099 今日はあえて飲まないでみる

基本的に毎日家にいる。週に何度も行っていた酒場取材がすべてストップしてしまったので、仕事が早く終わる日も前より多い。すると例えば、16時くらいには「もう飲むかぁ」となってしまう。飲みはじめる時間がどんどん早まっているような気がする。それにつれ、酒量も増えているような気がする。たいして運動もしてないくせに。これはまずい。そこで、今日はあえて飲まないでみることにしよう。日々のメリハリが薄まっているから、休肝日を設けて区切りをつける。明日、またうまい酒が飲めるように。

なんて、偉そうに言ってるけど、自分が普段から酒に溺れすぎなだけだな。賢明なる読者のみなさまにおかれましては、本日もよい休肝日、もしくはよい酒をお楽しみください。㋐

くり千代子）
◉夜散歩しながら飲む。どこまでも歩けそうな気がする！　あまり知らない街だとなお最高。（まに）
◉出張時は半休や自費での前泊などを組み合わせることにより移動の新幹線で合法的に呑みます。（水）
◉家に立ち飲みスペースを作ると酒場気分で酒を美味しくいただける。小銭を入れた灰皿が傍らにあると臨場感があってなおいい。（ナガレ）
◉風呂でワイングラスで飲むと貴族の気分を味わえる。（薄力粉）
◉クラフトジンにジンジャーシロップを少し加えてごくごく飲みやすくする。（しいな）
◉くし切りしたレモンを凍らせて氷代わりに利用。溶けてきたらマドラーやおはしでガシガシ突っついて果肉も味わう。（あお）
◉夏に外で飲む時、「アイスの実」を頬張ってからチューハイを飲むと冷たくておいしい。（たけしげみゆき）
◉森永「ICEBOX」に好みの「氷結」を注いで飲むと「猛暑も悪くないな～!!」となります。（ちくわうし）
◉コンビニカフェのコーヒーをブラックで持ち帰り、コーヒーで焼酎を割って「コーヒー焼酎」をつくる。（keith&とうちゃん）
◉アサリの酒蒸しの汁を日本酒に入れて呑む。（BEARakaBEER）
◉チューハイにコーヒー氷を入れるとガムシロップの甘みが加わり気分が変わります。（kasunodesu）
◉キンミヤに茶葉を入れ冷蔵庫でひと晩寝かせて風味を出し、漉して水割りにする。ベトナムの蓮茶がとても上品な風味でした。（泡☆盛子）
◉外で飲んでいてつまみを買い足す行為すら面倒くさい時、とにかく舌に刺激を与えるツールとしてフリスクを噛む。（モンドコーヒー）
◉ファミリーマートで、おでんと炭火焼き鳥もも（塩）を購入して、薬味の柚子こしょうを、焼き鳥のほうに付けて食べる。（永山先生）
◉コンビニのアイスコーヒーを飲んだあとにストロングゼロを注ぐとコーヒー焼酎っぽくなる。（タナカンプ）
◉スミノフアイスに凍らせたパイナップル入れると優勝。（イヌザメさん）
◉深夜、人のいなくなったバス停の椅子に座って飲む。（大木テングー）
◉コースの飲み会では刺身盛に付いてるワサビをキープしておくと後半食べるものがなくなってもワサビをつまみにお酒が飲める。（べるかんぷ）
◉宝極上レモンサワー丸おろしレモンを瀬戸内レモンで割るとハイサワープレミアムになる。（やる気ゼロリーマン）
◉ウイスキーを瓶ごと冷やしておいて、冷水と半々で割る。（シオザキソウ）
◉ホル鍋は卓上コンロでグラグラ言わせながら、酎ハイは冷凍庫で凍る寸前まで冷やして。熱いと冷たいの温度差が極端なほど晩酌が幸せになります。（とみさわ昭仁）
◉ズブロッカをアップルタイザーで割ると桜餅の香りがして美味しい。（よいち）
◉「THE SHOT本醸造」を冷凍庫に入れて、適度にふると最高のフローズン日本酒ができ上がる。（もとじい）
◉ウォッカとキッコーマン豆乳と氷をミキサーにかけて作る豆乳酒。（Hey高橋）
◉空腹時はペットボトルの炭酸水を半分グッと飲んでからそこに「楽園ワイン」を注ぐとホロ酔いが長つづきする。（イチノミヤ）
◉缶チューハイをグラスに注ぐと飲み残し防止になるし缶の片づけが億劫にならない。（吉田史織）
◉カップのバニラアイスにブランデーを垂らして練ってから食べるとやばい。（POT干支）
◉家飲みの時は一杯飲むごとに洗濯物干したり、洗い物したりしてふわふわ気分をなるべく長く楽しむ。（kani）
◉ホッピーの“ナカ”に黒糖焼酎を使う。（キ之國屋紊左ヱ門）

100 それぞれの「酒の裏技」

酒好きならば誰もが酒の裏技を持っている。我々はそう信じている。そこでSNSを使い、「あなただけの酒の裏技は？」というアンケートを募集してみたところ、酒の猛者たちの叡智の数々が集まること集まること！ スペースの許す限り、すぐにでも試したくなる裏技の数々をここに紹介しよう。　㋐㋤

◉サーモスの500ml缶用の保冷ホルダーの底にガチャガチャのカプセルを入れると、350ml缶を入れるのにちょうどいいゲタになる。（山琴）

◉安い日本酒に竹炭を入れて冷やしておく、うまいー！（たきぐ）

◉唐揚げに付いてるレモンと冷蔵庫の中でやる気を失くした大葉をチューハイに足して、「まるます家」っぽいーって無理やり思う。（シブヤメグミ）

◉コンビニの氷の入ったカップと宝焼酎25度220ml、サントリー烏龍茶500mlでちょうどいいウーロンハイがジャスト３杯作れる。（kyoushukudes）

◉メロンリキュールに炭酸、要するにメロンソーダにジンを適当に混ぜると背徳的な気持ちになります。（O.D.A.）

◉辛口の日本酒に100％オレンジジュースを注いで飲む。（飴2）

◉ストロング酎ハイを炭酸で割って好みの濃さにして飲む。（安田理央）

◉子供を寝かしつけながら一緒に寝て、深夜に起きて（アラームかけずに気合いで起きる）、パソコンの明かりだけで飲む。（こへ）

◉ホッピーが高いから、キンミヤにノンアルコールビールで偽ホッピー。（ryo_strummer）

◉４Ｌの甲類焼酎を常備しているのですが、見た目がいかついのでダルトンのドリンクサーバーに移し替え、ハーブやフルーツを入れてフレーバーウォーターにカモフラージュさせてます。（タビ）

◉クリアボトルにストロングゼロのレモンとレモンスライスをいっしょに入れて、デトックスウォーターに見せかける（通称クズボトル）。（えみちん）

◉最高のひと口目のために仕事を死ぬほどガンバる。（年に1回沖縄に行くマン）

◉最終的に大根おろしののった蕎麦を少量食べる。（やすごん）

◉好きな「アイスの実」をグラスに入れて白いサワーを入れ甘々のお酒にする。（たやん）

◉水の代わりにカロリーゼロノンアルコールを呑んで酔いのバイブス維持。（em）

◉日本酒を少量「ズッ」と音を立てて啜るのです。空気が酒に混ざり、味が活性化するような気がします。合間に和らぎ水を飲みながら。１合でヘロヘロに酔えます。（関川浩之）

◉コーヒー焼酎（甲類焼酎にコーヒー豆を漬け込んだもの）を烏龍茶で割ると香ばしくておいしいです。（Toshikazu Masubuchi）

◉氷が入った大きいタンブラーに、炭酸が抜けないよう炭酸水を入れ、最後に５mlほどの、ほんの少しの焼酎を注ぐ。焼酎みたいな水を飲むことになるので、二日酔いを防げます。（Motoki Afr）

◉コンビーフを薬味入りのポン酢で食べたらしゃぶしゃぶと錯覚します。ちなみにいちばんのおすすめはポン酢と牛のうま味の染み込んだ薬味のほうです。（Shumpty）

◉コンビニによってお酒の取り揃えが違うので、自分の好みの酒を置いているコンビニを見つけておく。アジア系の居酒屋が近いセブンイレブンでは世界のビールが取り揃えてあったこともありました。（ごろ寝）

◉競輪場で有料席を取り、甲類焼酎を持って行き、有料席の自販機ドリンク（だいたい無料飲み放題）で割って飲む競輪場飲み。（しま

あとがき

とにかく酒が好きということは、よりはっきりしました

パリ　この本を作りはじめるにあたって「まえがき対談」をしてから、もう2か月半くらい経ったのか。

ナオ　ですね。現在、2020年の7月10日です。

パリ　今もって、どうしていいのかわからない状況が続いてますね。

ナオ　緊急事態宣言は解除になって、徐々に自粛要請だの休業要請だのも緩和されていったけど、再び東京も大阪も感染者数がドッと増えてね。

パリ　そう。昨日は東京だと、新規感染者数が224人だそうで。

ナオ　原稿を書いている間にもどんどん状況が変わっていって、「このまま感染者数が減っていくと、『家飲みを楽しむ100のアイデア』って、ちょっと時期がずれてしまうかもですね」なんて話してたこともあったんですが。

パリ　うん。そんな単純ではなかった。たぶんこの不安は、これからもかなり長く続いていくんでしょう。ただ、こうやって100個もアイデアを挙げてみたからというわけでもなく、なんかみんな、強くなってる気はしますよね。滅入ってばかりもいられないから、できる範囲で楽しもう！　って。

ナオ　そうですね。なんせ全部がはじめてだから。

パリ　もちろん今でも恐ろしくてたまらないんだけど、とはいえ、日々の生活には楽しみを見出さなきゃやってらんないし。まぁ、100も考える必要はなかったのかもだけど。

ナオ　はは。なかにはどう考えてもくだらないものもあり。

パリ　そうそう。逆に、試してみたら想像以上に楽しい飲み方もあったし。

ナオ　ただ、月並みかもしれないけど、こんな時だからいろんな人と楽しくWEB飲みできたりしましたね。

パリ　ですね。アメリカにいるイアンとなんて、何かきっかけがないと、WEB飲みしようなんて思いつかなかったかもしれない。アンケートもすごかったでしょ!?

ナオ　おもしろかったですね！　みんな極めてる。WEBを通じていろいろな人と飲めるっていう方向性もあれば、自分の道を究める方向もあってね。「自分はお酒に何を求めていたんだろうか……」

みたいなさ。

パリ　何を求めていたんだろうな……。いまだわからないままだけど、とにかく酒が好きということは、よりはっきりしました。大変大変とは言いつつ、やっぱりアイデア考えるのは楽しいんすよね〜！

ナオ　ね！　原稿に書くのが大変なだけで、やるのは楽しい。

パリ　こんな記録を残させてもらって、ありがたい限りですよ。「思い出アルバム」でしょ、こんなもん。「赤ちゃんをあやしながら飲む」って。

ナオ　ははは。「へぇー！　やってみようかな！」って誰も思わない！

パリ　そういう意味であまり役には立たないけど、大事なのはマインドですからね。

ナオ　ようするに、ちょっと不自由な状況とか制約があっても「それを楽しんでやれ」みたいに言っていくという。

パリ　うんうん。どんな状況になろうと、それしかなさそうです。「2杯目」はどうなるのかな？

ナオ　引き続き家にいるっていう可能性もじゅうぶんにある。「少し大きくなった赤ちゃんをあやしながら飲む」。

パリ　そいつらの成長を見守る雑誌。

ナオ　おもしろい。最後は「成人した赤ちゃんと飲む」。

パリ　はは。しかしどうなってるんだろ20年後。

ナオ　2か月後もわからないから20年後はもう、SFですね。

パリ　WEB飲みが発展しすぎて、ベッドで寝ながらにして、電脳世界のリアルな居酒屋に行けたりするのかな。

ナオ　うんうん。

パリ　いくらでも酒飲める。

ナオ　直接、脳に酒データを送って。

パリ　で、酔っぱらってバターンと寝ちゃえば、睡眠中に自動でアルコール効果がプチッとリセットされて、翌朝すっきり！

ナオ　それって酒なのかな。

パリ　むしろ酒に対する冒瀆。

ナオ　はは。まぁ、引き続きこのマインドで、いろいろな問題とつき合いつつやっていくしかない！

パリ　それぞれの「のみタイム」を満喫していきましょう！　それにしても、いろんな人たちに協力してもらって、いい本ができたと思います。

ナオ　ですね！　こういうかたちで本が作れたのも、考えてみればこのタイミングのおかげでもあるな。

パリ　みんなで乾杯したいっすね。オンラインで。

ナオ　打ち上げしましょう！

パリ　はい！　大打上げを。

㋩㋤

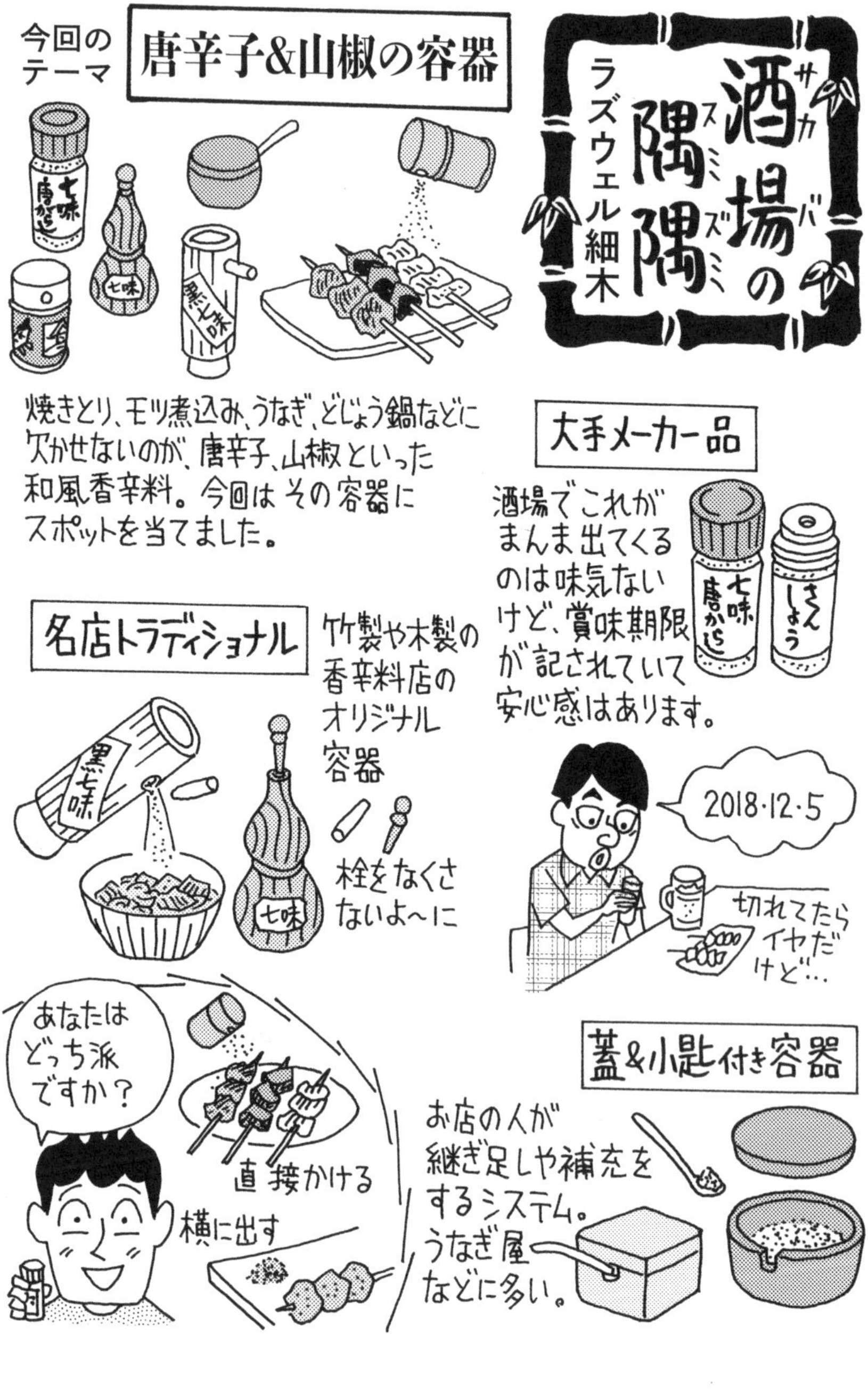

今回のテーマ
唐辛子&山椒の容器
酒場《サカバ》の隅々《スミズミ》
ラズウェル細木
七味唐がらし
七味
黒七味
焼きとり、モツ煮込み、うなぎ、どじょう鍋などに欠かせないのが、唐辛子、山椒といった和風香辛料。今回はその容器にスポットを当てました。
大手メーカー品
酒場でこれがまんま出てくるのは味気ないけど、賞味期限が記されていて安心感はあります。
七味唐がらし
さんしょう
名店トラディショナル
竹製や木製の香辛料店のオリジナル容器
黒七味
七味
栓をなくさないよ〜に
2018·12·5
切れてたらイヤだけど…
あなたはどっち派ですか？
直接かける
横に出す
蓋&小匙付き容器
お店の人が継ぎ足しや補充をするシステム。うなぎ屋などに多い。

スタンダード 穴開き缶
市販品の中で広く採用されているタイプ。でも、使うときにいつもストレスなのが…。
穴を捜してフタをクルクル回すこと。
なかなか穴が出てこない…
クルクル クルクル
そんなあなたに耳よりな情報が
実は…
ほとんどの缶はパッケージデザインの正面に穴が切られているのです。
唐辛子のヘタの先端の真上
物名
七味
文字の真上
山椒粉
これを目印にすれば一発で穴を捜し出すことができます。
すごーい
でも山椒や七味は香りがとびやすいので使ったらかならず閉めてくださいネ。
ROSWELL HOSOKI
飲兵衛のバイブル的漫画『酒のほそ道』の作者。日本屈指のジャズファンとしても有名。

夢眠ねむ

パリッコ

スズキナオ

夢眠ねむの135ml ミニ缶日和

イラスト＝夢眠ねむ

最近ハマっている「チメク」で飲もう！

2019年芸能界を引退し、現在は「夢眠書店」の経営と「たぬきゅん」などのキャラクタープロデュースを手がける夢眠ねむさん。生粋の酒飲み時代を経て、近頃はたまに飲むビールのミニ缶がちょうどいいと語るねむさんが、パリッコ、スズキナオとのんびり飲みながらお送りするよもやま話！

パリ　最近の生活はどうですか？

ねむ　「自堕落」って感じです。ゲームしすぎて目が痛い！

パリ　はは（笑）。お酒は家で飲んでます？

ねむ　いえほとんど。たま～に飲みたくなっても最近は、缶ビールのすごい小さいやつ。

パリ　ミニ缶だ（笑）。「これ誰が飲むんだ！」っていう。

ナオ　うちの母親もお酒弱いんですけど「これぐらいなら飲める」って言ってました。

ねむ　あれがちょうどいい。私、あれを飲んでる女です、今（笑）。

パリ　で、今日は解禁日にしてもらって、ねむさんのおすすめをみんなで試してみようと。

ねむ　そうそう。韓国で「ヤンニョムチキン」を食べながらビールを飲むのを「チメク」っていうんですけど、それにハマってて。

パリ　初めて聞く言葉だ。

ねむ　前にやらせてもらってた『まどろみのれん酒』という番組のロケで食べた「ヤンニョムチキン」がめちゃくちゃおいしくて！　そこからハマっていろんなお店に行くようになりましたね。

ナオ　それを聞き、自分は近所の韓国食材屋さんに行ってみたら「ヤンニョン」っていう辛味調味料のペーストが売っていたので、それをローソンの「からあげクン」とあえて「なんちゃってヤンニョムチキン」を作ってみました。

パリ　なぜ「からあげクン」をチョイス？（笑）　僕は、地元に1軒だけ韓国料理居酒屋があって、そこでテイクアウトしてきました。ただ、1品298円均一っていう激安酒場なので、味は未知数。ねむさんは？

ねむ　Uber Eatsでたった今届きました！「bb.q OLIVE CHICKEN」っていう韓国でも有名なお店。ここのがすごく美味しいんですよ。

パリ　でけー!

ナオ　美味しそうだな!

(みんなそれぞれのヤンニョムチキンを食べる)

パリ　お!　うんうん!

ナオ　うーん!

ねむ　最高〜!!　食べたあとの指までおいしい!

パリ　確かにビールと最高に合いますね。

ねむ　韓国行きたくなる!　「からあげクン」はどうですか?

ナオ　もとがおいしいから間違いないです。タレと予想以上に合いますね。ねむさんのチキンの特徴は?

ねむ　ちょっと変わってて、コチュジャン、ケチャップ、ブルーチーズ、梅肉で味つけしてるんだって。甘味にコクがあってほんのり酸味を感じる。

ナオ　これはいくらでも飲めそうだ。

ねむ　さっき「ミニ缶の女」とか言ってたけど、これはもっとビールいります(笑)。

パリ　いつかみんなでヤンニョムパーティーしたいな〜。

ねむ　ナオさんのタレをいろいろなものにつけてどれが美味しいとかやるのもいいかも。いやー、チメク、もっと日本でも流行らないかな。

ナオ　ですね!　けど、そもそもチメクってどういう意味なんだろう。

パリ　「チ」がチキンで「メク」がビールをあらわすみたいですよ。

ねむ　枝豆とビールで「エビ」みたいな感じ?(笑)

手がおいしくなるや〜っ
タレかかっているけど
意外とサクサク!!
ナオさんはジャータイプでヤンニョム放題

(チキン)
치킨
+
(メクチュ)
맥주
ビール
チメッ(ク)
치맥
ヤンニョムチキン
양념치킨
ザク
ザク

壇蜜さんと結婚した漫画家の清野とおるさん。コロナ禍にどんな日々を送っていたのか。「アレ」とは⁉

「アレ」でコロナに勝った（気がした）話
清野とおる
昨年末に「結婚」したものの
月の半分以上は性懲りもなく赤羽でひとり暮らしをしている次第です
赤羽
んで…昨今のコロナ禍についてですが
♪
カリ
カリ
漫画家なんて自粛するまでもなくそもそも「家」なのでの割とへっちゃらでした
でも…5月に突入した頃…
お外で遊びたい…
お外で飲酒したい…
ハァ
ハァ
さすがに外出欲が沸騰しかけまして…
いかん いかん!!
このままじゃコロナ禍に飲まれちまう…!!

映画史に残る不朽の名作『ウォーターワールド』…
陸地が消滅し海だけが広がる海洋惑星となった未来の地球において主人公マリナーは
耳の裏でエラ呼吸
両足に水かき
半魚人《ミュータント》へと進化し誰よりも早く水の世界に順応し 圧倒的な強さを誇った…
俺もこの「コローナーワールド」にもっともっと順応しなければ…
いち早く順応し進化を遂げた者が勝つんだよ…
「在宅力」を極限まで高めるべく
ない知恵を絞りまくった
以前から気になってた「アレ」だ!
カタ カタ
「アレ」を買ってみよう!

そんなわけで通販で
「ちょっといいシルクのパジャマ」を注文してみた
さわ さわ さわ さわ
さわ さわ さわ さわ
人生初シルクは…
え〜〜〜何コレ〜〜ッ?
さらっさらのそよっそよ〜〜♥
全身が「優しい風」に包まれているかのような肌心地で…
もし俺が蚕《かいこ》ならマユなんて面倒な工程すっ飛ばして幼虫からいっきに成虫になりたいところだったけど…
こりゃあ必要だわマユの期間!
ってゆーかむしろ蚕の人生ってマユが本番かもだよなァ
マユの期間は2週間で成虫の期間はたった5日間だし
すぐ死ぬし
勢いあまって蚕の気持ちに想いを馳せちゃいました

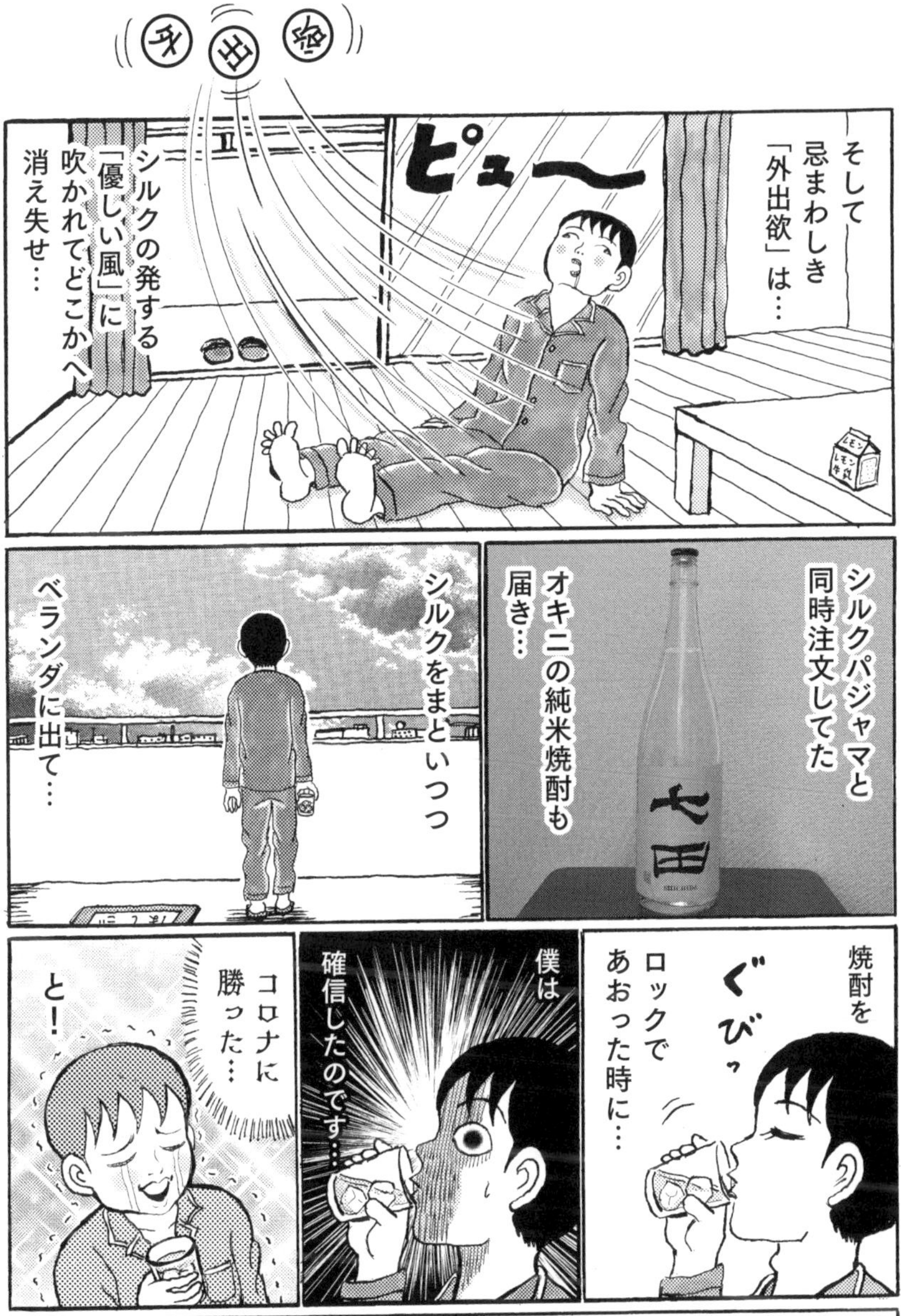

そして
忌まわしき
「外出欲」は…
ピュ〜
シルクの発する
「優しい風」に
吹かれてどこかへ
消え失せ…
シルクパジャマと
同時注文してた
オキニの純米焼酎も
届き…
七田
シルクをまといつつ
ベランダに出て…
焼酎を
ぐびっ
ロックで
あおった時に…
僕は
確信したのです…
コロナに
勝った…
と!
まぁ 別に
勝ってはいないんですけどね

文・写真＝今野亜美

これ飲んだら本気出す。

最強のテイクアウト飲み。
豚の珍味で一杯。

元々、居酒屋を巡るのがとても好きだったのですが、外出自粛をきっかけに最近ではもっぱら**宅飲み**ばかり。なかでもハマったのが、好きなお店の料理をテイクアウトして飲むこと。今回は横浜にある大好きなお店、「**味珍（まいちん）**」さんのお料理をテイクアウトして飲んでみました。

宅飲みする際、普通に飲んでももちろんよいのだけれど、少しでも感じたい「**居酒屋感**」。外出自粛要請が出た瞬間にネットで購入した**赤提灯**。これを部屋にぶら下げてちびちびやるの、結構楽しいです。確か1000円ちょいくらい。これひとつで部屋という空間の「酒場度」がグッと上がる、宅飲みにオススメしたいアイテムです。

お酒は、大好きな「**黒ホッピー**」で。

キンミヤ焼酎はジョッキについている星マークの下まで（70㎖）入れます。優し目の飲

尾、コラーゲンたっぷりでトロトロプルプル！　濃厚でお酒ががっつり進みます

み方でちびちび。

　今回、テイクアウトしたのは「**尾**」と「**胃**」と「**舌**」の3種類。イチオシの「尾」は外せない。で、それ以外はランダムで選びました。


　美味しかったなぁ。

　大好きな居酒屋のおつまみをテイクアウト。好きな味を家に持ち帰って、誰の目も気にせずじっくり味わう。この楽しみ方の贅沢感よ……。宅飲みの魅力、**沼**だなぁ。

　味珍さんのメニューはお店でのテイクアウトもできますが、通販で購入することもできますよ。

　お家で豚の珍味飲み、最高♡おすすめです。

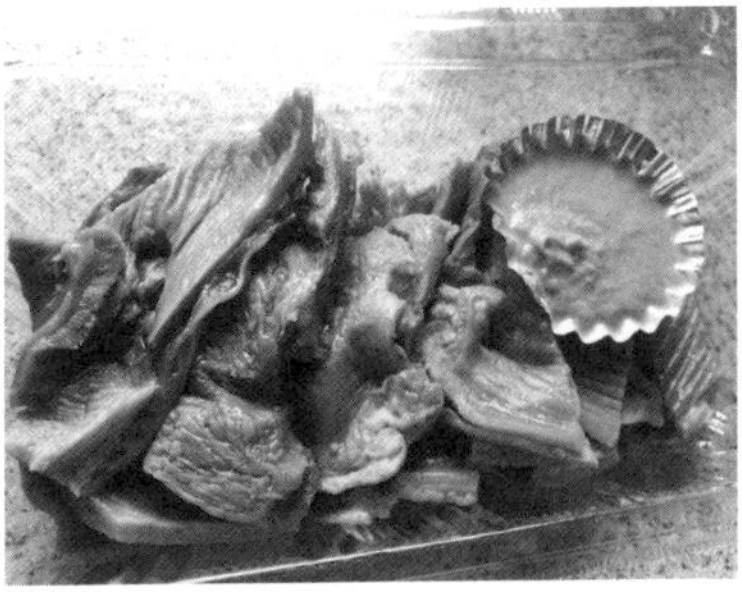

胃、ゼラチン質の柔らか食感や、噛みごたえある部分。いくつかの食感が合わさって食べ飽きない

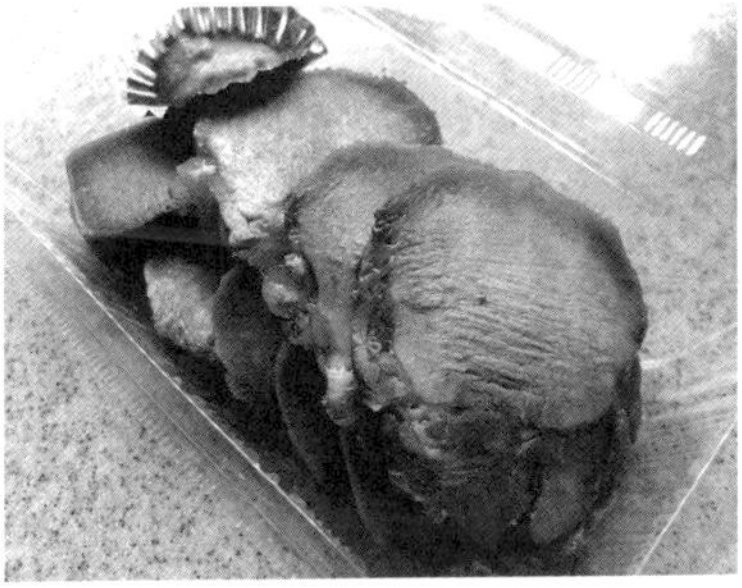

舌、噛めば噛むほどうま味を感じる食べ応えある一品。「あ～舌だなぁ」という表面の突起を愛でながらいただきます

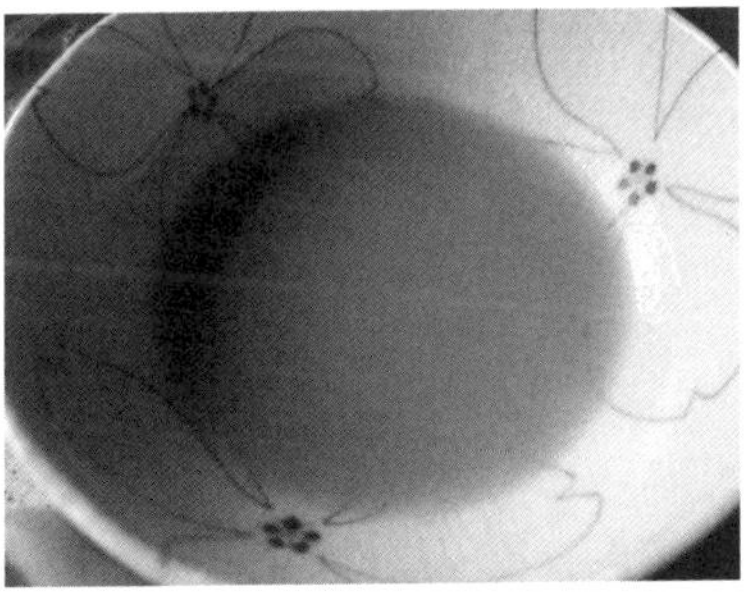

からし＆お酢で作る味珍特製のつけダレをつけて食べます。さっぱりといただけるのが嬉しい

NT 1
その6割は水
将来の集落
西暦2150年：人類は29200回の絶滅を経たのち、
自分たちの生活について考え、生きています。
ふだん、
他人との契約や
売買ばかりで
生計を立ててるから、
狩りや採集…
栽培なんかには、
不思議な安心感や
開放感がある
ざりっ

もぎっ
人間が製品として
リリースしなくても、
世界は価値や
良さで満ちていて…
契約や売買以外の世界で
何かができた…っていう
嬉しさかもしれない。
基本的に動物は皆それをなんとかして生きたり死んだりしているのだ。

過酷で大変な自給自足から各自が救われるための知恵だけど、
LAW
…もちろん契約や売買は元々、
生まれてからずっと文明の床の上だけで暮らしていると、忘れがちになる。
床の下にある広い地面が、動植物のためにある本来の世界だ

休日、
こういう時に
すっ
気分が
教えてくれる。
「何がどうミックスされていれば、
自分が気に入る人生なのか」。
完

（漫画・香山哲）

この漫画「将来の集落」はMOMENT（https://moment-mag.jp/）でもシリーズ連載されています。

東出町の會山人

平民金子味道

「サッ」と「ポロ一番」

文・写真＝平民金子

サッポロ一番ほど全人類からアレンジされている袋麺もない。いえいえそんな大袈裟な、ワタクシはモヤシをのせているだけ、卵を溶いているだけだから、という人だっているだろう。しかしそれだけでも立派なアレンジなのだ。

みそラーメンにはキャベツやほうれん草。しょうゆ味にはメンマやワカメ。塩らーめんにはレモンやトマト。どの味にも入れてしまう万能のネギやモヤシ。

これまで友人知人だけでなく見知らぬ人間の投稿までSNSでたくさん見てきたが、全員が全員誰に命令されたわけでもないのに何かしらの具を加えている。しかし私に言わせれば、大変申しわけないのだが、どれだけ工夫をしたところで所詮はどんぐりの背比べにしか見えない。

なぜならば、そこにはコロッケがないからだ。

コロッケにふれていない時点で、すべて落第だとさえ思う。

キムチをのせようがチーズを溶かそうが豆乳で作ろうが冷製にしようが、大事なのはそこじゃない。一度コロイチ（コロッケをのせたサッポロ一番）を体験してしまうと、それ以外のアレンジはすべてサッポロ一番には永遠に届かない、ただの「サッ」でしかないことがわかる。コロッケ以外はすべてサッ。残りのピース「ポロ一番」を埋めることができるのはコロッケしかないのである。

まずは、コンビニでもスーパーでも肉屋でもいいから、とにかくコロッケを買って来て欲しい。ちなみにこのレシピで最も大切なのは、コロッケをのせる以外には余計な手をいっさい加えないことだ。このルールを遵守することで私たちは「袋麺を食べる時には何か野菜的なものを足さなあかん気がするなあ」という悪魔の縛りから解放される。このような煩悩は袋麺の味を凡庸にするだけだ。

できるだけ大きい鍋に、麺を茹でる用として多めの湯を沸かす。次にもうひとつの鍋でスープ用に湯を沸かす。丼にはあらかじめ粉末スープを入れておき、麺が茹で上がる直前に（コロッケが柔らかいので麺は固いほうがよい）先にスープを作っておく。そして茹でた麺をザルにあけ、スープの入った丼に移す。コロイチへの道は、麺とスープを別鍋で調理することによって澄んだスープを作るところからはじまる。

用意しておいたコロッケは別に温める必要はない。湯気の立つ「サッ」の上にそっと置く。ほら、これだけでグラウンドの雰囲気が変わったでしょう。ピッチに立つだけで風景を一変させる選手。この光景をサッカーに例えたい欲求があるけれど、まったくサッカーを見ていないので固有名詞が出てこない。どこかの国のチームにそういう人もいるんじゃないかと思いながら、「サッ」と「ポロ一番」が丼で出会う様子を見ていると涙が浮かんでくるぜチキショウめ。それはそれとして食べ方には少しばかりの儀式がある。

まず、箸でポロ一番をじわっと沈めよう、2秒くらい。うま

く沈まなければ裏返してしまう。そしておもむろに、箸で半分に割る。切るではなく割る。あらかじめ包丁等で切ってのせるのではなくわざわざ丼中において箸で割る行為には、割り口の粗さによって発生するコロッケの身の崩れをスープに染み出させる意味がある。

これが身崩れの第一波である。

その状態で2回ほど麺をすすると、次にはコロッケをさらにふたつ、合計4つに箸で割る。身崩れの第二波を起こすためである。

4つになったコロッケを箸で突つくように沈めながら、うちひとつを口に入れる。すると「おっと、貴殿はコロッケじゃないか」とあなたはわかり切ったことを声に出してしまうかもしれないね。

コロッケかと思ってはいたが、やはりコロッケだな。あらためてそのようなことをつぶやかずにはおれないほどのポロ一番の存在感に圧倒されながら、汁のにごりを鑑賞しよう。

最初期の丼の中ではコロッケ外壁のパン粉とスープが互いに牽制しあっていただけなのに、いま第一波第二波の身崩れが起こったことによって続々乱入したコロッケ軍のイモ騎兵が汁戦場をかき乱す。流れ出したイモの前には、序盤は目立たぬところで矛を構えていた大将軍・麺が、もう力を隠す必要はないと仁王立ちしている。スープという合戦場のど真ん中で、今イモと麺がごっつぁん！　と音立ててぶつかり合った。汁を吸う。このイモの喉ごし。麺、コロ、汁。コロ、汁、麺。コロ、麺、汁、汁、ズズッ、ズズズッ。飲み干した丼を置く頃には私もあなたもなくなって、ただ、地球だけがあった。

巨記事
アソートパック
text＝イーピャオ
デザイン＝宮崎希沙

IoT《イイおツマミ》特集　これがおでん界の

GAFA×BATHだ！

2つの巨大勢力群が未来のIT界の命運を握るという。すなわちアメリカのGAFA《ガーファ》（Google《グーグル》・Apple《アップル》・Facebook《フェイスブック》・Amazon.com《アマゾンドットコム》）、そして中国のBATH《バス》（Baidu《バイドゥ》・Alibaba《アリババ》・Tencent《テンセント》・Huawei《ファーウェイ》）だ。おでんの世界にもそうしたプラットフォーマーたちの拮抗はあるのか。加熱する現場のフタを開けてみると、そこには…（ロサンゼルス支局、上海支局）

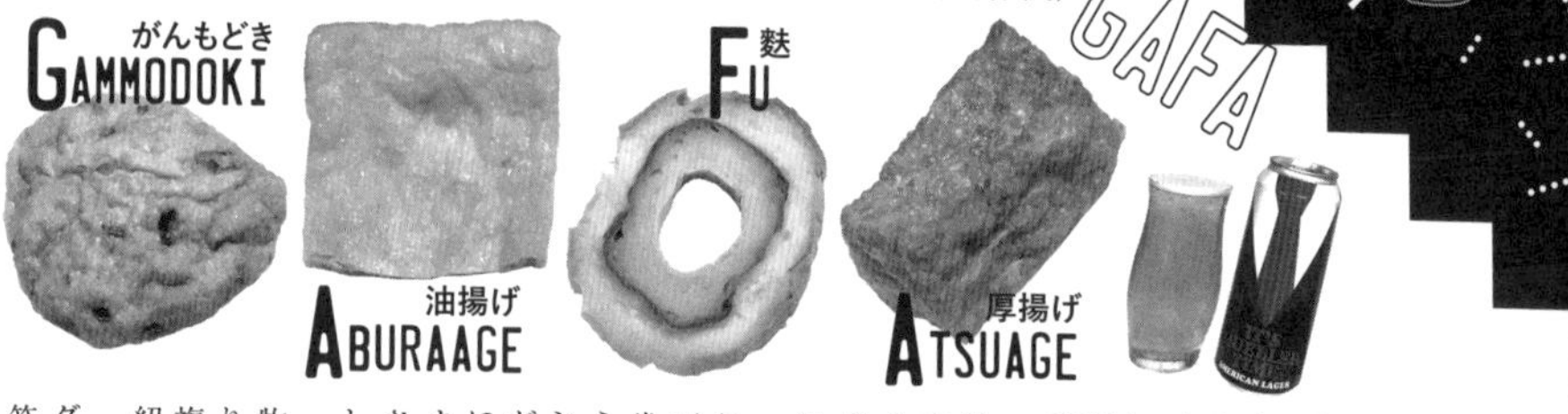

GAMMODOKI がんもどき
ABURAAGE 油揚げ

ATSUAGE 厚揚げ

おでん界の「GAFA」として浮上したのはこの4種（上段）だ。**がんもどき**は、口の中でひじき、銀杏などの潜在的なリソースを探るのが楽しい。巾着で餅は持ちなどをインクルードする**油揚げ**だが、単独でもツユの吸い上げには一定の評価がある。ダイバーシティに富んだ**麩**の世界からは、車麩をチョイスした。**厚揚げ**については、焼き上がったハードから滑らかなソフトへ、食感のトランジションを味わってほしい。

この「GAFA」はどれも植物性で、ベジタリアンのトップ経営者にも安心して勧められる。具そのものの主張は強くないので、様々な西海岸のクラフトビールと組み合わせて相性を試してみよう。

対して「BATH」の勢力図はこうだ（下段）。元々ニーズの高い玉子をコアとする**バクダン**（玉子巻）は飲酒を誘う起爆剤となろう。**揚げ焼売**はまた、中華圏コンテンツのスリミ化に成功した例だ。そんな中、原料を魚肉だけに特化した**つみれ**のバリューも高まっている。鍋には最終盤に投入される**はんぺん**は、ファーファーとした口溶けから女性人気も強い。

「BATH」は魚を主とする動物性の4品。旨味が詰まっており、冷やしおでんにも最適だ。複雑な味の料理に合う浙江省の紹興酒と味わうのもいいだろう。

まだまだ熱は冷めないようだ。ダシが完全に浸透したフェーズで、笑う者は果たして。

BAKUDAN バクダン
AGE-SHUMAI 揚げ焼売
TSUMIRE つみれ
HAMPEN はんぺん

スーパー
つまみ
フォーラム

パック寿司のお醤油どうする？

スーパー惣菜コーナーの華・パック寿司。 ステイホーム生活で、めし兼つまみとしてリピートした方も多いのでは。さて、所作が分かれるのが、**付属の醤油をどこに注ぐか。** 一般の**50名**にアンケートをとり、行動様式を調査した。

Q パック寿司を買ってきた際に、醤油をどうしますか？

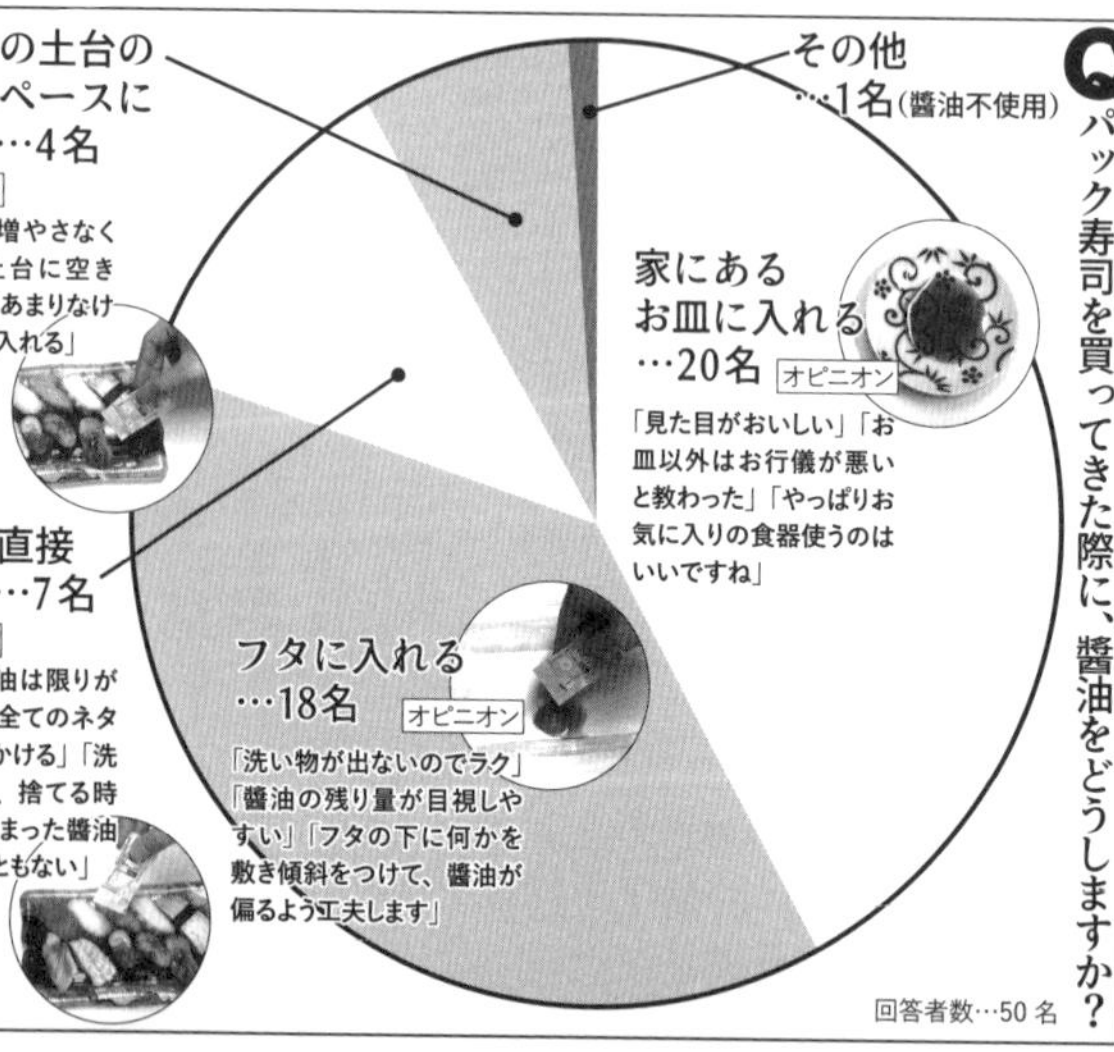
家にあるお皿に入れる…20名
オピニオン
「見た目がおいしい」「お皿以外はお行儀が悪いと教わった」「やっぱりお気に入りの食器使うのはいいですね」
オピニオン
「洗い物が出ないのでラク」「醤油の残り量が目視しやすい」「フタの下に何かを敷き傾斜をつけて、醤油が偏るよう工夫します」
寿司に直接かける…7名
オピニオン
「付属の醤油は限りがあるので、全てのネタに満遍なくかける」「洗い物もなく、捨てる時に容器にたまった醤油が垂れることもない」
パックの土台の空きスペースに入れる…4名
オピニオン
「洗い物を増やさなくて済む。土台に空きスペースがあまりなければフタに入れる」
その他…1名（醤油不使用）
回答者数…50名

総評

〝家のお皿派〟と〝フタ派〟の2大選択肢が大接戦！ 小皿できちんと見た目を整える人が多い一方、パックで全て完結するグループの合理性にも頷けます。ちなみに、寿司に直接かける筆者。個人的な感想は「結構みんなちゃんとしてんだな～」でした！

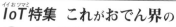

シリーズ・ザ・技術革新

片手で4品に挑む

より豊かな歩き飲みへ――

この状況下。お店飲み、家飲みに次ぐ第3の選択肢として、**深夜に人だかりを避けつつ、コンビニ商品を手に「歩き飲み」**を楽しんでいる。ただ、どうしても持てる品数の制限が…「**せいぜい飲料1缶+つまみ1品**」**という壁を打破**できないか。他方、不意の転倒時やマスクの上げ下ろしにも**片手は空けておきたい**…。そこでギアを活用しながら、極限までつまみのバリエーションを拡張する方法を模索した。（**酒量や交通状況には十分気をつけよう!**）

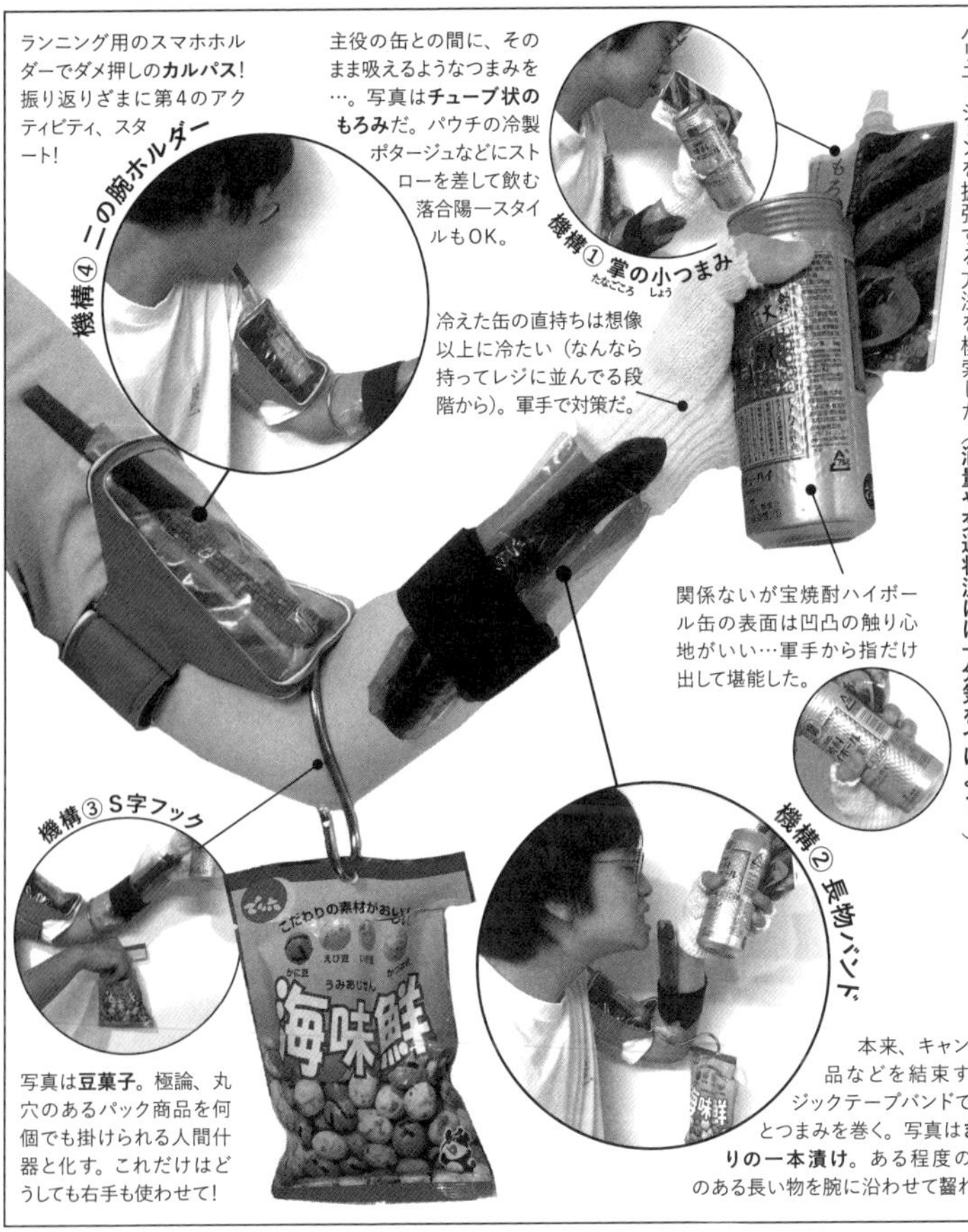

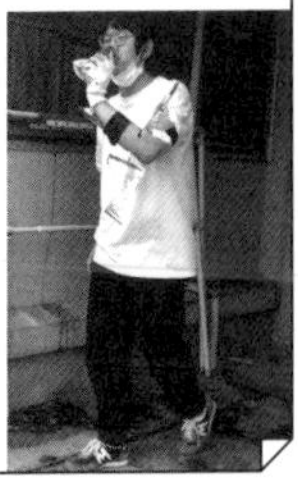

機構① 掌《たなごころ》の小《しょう》つまみ

主役の缶との間に、そのまま吸えるようなつまみを…。写真は**チューブ状のもろみ**だ。パウチの冷製ポタージュなどにストローを差して飲む落合陽一スタイルもOK。

冷えた缶の直持ちは想像以上に冷たい（なんなら持ってレジに並んでる段階から）。軍手で対策だ。

関係ないが宝焼酎ハイボール缶の表面は凹凸の触り心地がいい…軍手から指だけ出して堪能した。

機構② 長物バンド

本来、キャンプ用品などを結束するマジックテープバンドで腕ごとつまみを巻く。写真は**きゅうりの一本漬け**。ある程度の硬さのある長い物を腕に沿わせて齧れ!

機構③ S字フック

写真は**豆菓子**。極論、丸穴のあるパック商品を何個でも掛けられる人間什器と化す。これだけはどうしても右手も使わせて!

機構④ 二の腕ホルダー

ランニング用のスマホホルダーでダメ押しの**カルパス!** 振り返りざまに第4のアクティビティ、スタート!

結論!

山菜×イヤアクセの最終解。

Ear Accessories

ほろ酔いで山菜みぞれ和えを見ていたら…どの形もピアスやイヤリングになりそうなインスピレーションが☆
山菜・きのこモチーフでイヤアクセを作るなら、こんな感じ？ 今季の耳元トレンドは、コレを見ずに（水煮）語れない!

accessories／スタイリスト好物

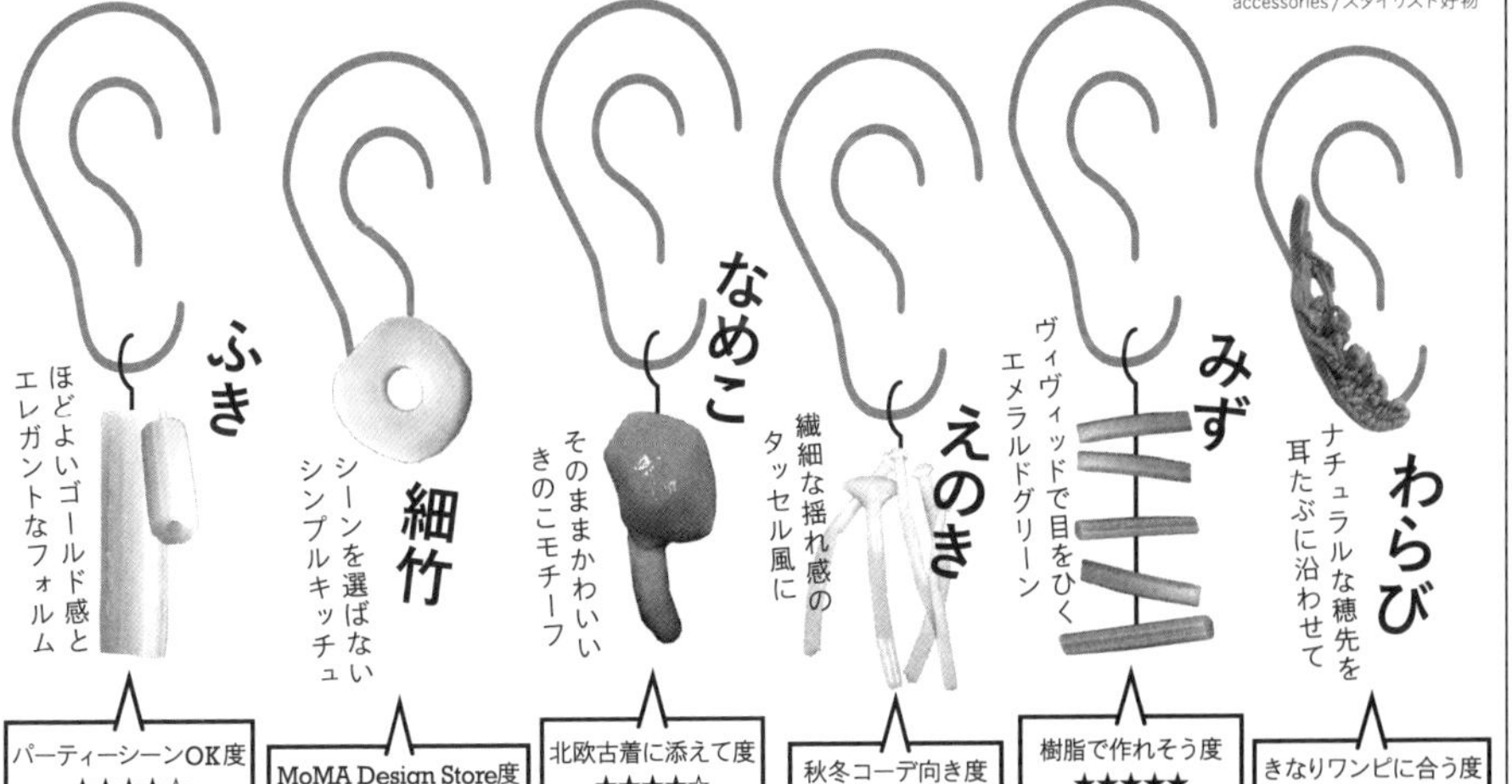

ふき ほどよいゴールド感とエレガントなフォルム
パーティーシーンOK度 ★★★★☆

細竹 シーンを選ばないシンプルキッチュ
MoMA Design Store度 ★★★★★

なめこ そのままかわいいきのこモチーフ
北欧古着に添えて度 ★★★★☆

えのき 繊細な揺れ感のタッセル風に
秋冬コーデ向き度 ★★★★☆

みず ヴィヴィッドで目をひくエメラルドグリーン
樹脂で作れそう度 ★★★★★

わらび ナチュラルな穂先を耳たぶに沿わせて
きなりワンピに合う度 ★★★★☆

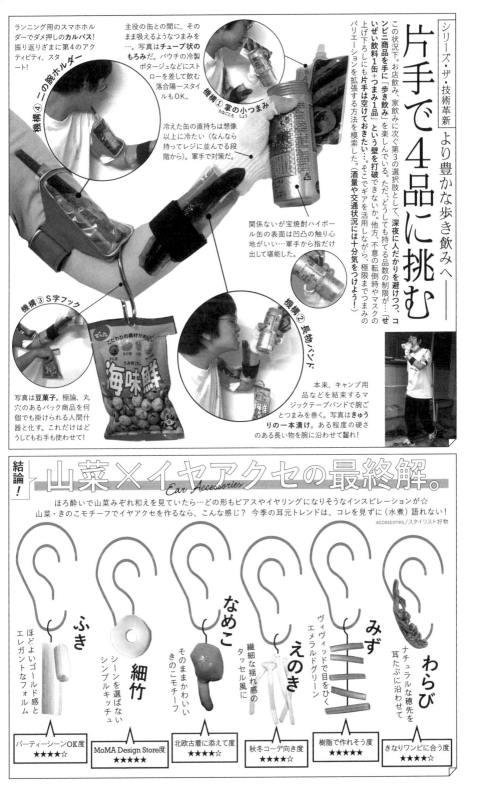

僕の腸

文＝メテオ

僕の一日はヨーグルトを1キロ食べることからはじまる。起き抜けの空きっ腹にヤクルト400を一本流し込むくらいでは腸は動いてくれないのだ。健康系YouTuber達が口を揃えて言っている。「腸を健康にしろ」とな。腸内細菌全体を見ると善玉菌と悪玉菌が大体二十%ずつくらいの割合で存在するらしい。残りの六十%は『日和見菌』と言って、善玉と悪玉のどちらか優勢なほうに転ぶらしい。

これって地球に似てねえ？ 俺は地球の善玉菌なんだよね。地球に差別とか悪政があればデケー声で騒ぐんだよ。小島よしおじゃないけど「そんなの関係ある！」だよね。俺の腸が地球なんだよ。今まで適当に酒とか流し込んで「フフン、僕らのこの庶民的なノリ。あえていいよね」とか言っていたけどそんなノリは平成に捨ててきた。ヨーグルトを1キロ流し込む。胃酸っていう関所も厄介で、特に空きっ腹の時にちょっと『飲むヨーグルト』を流し込んだくらいじゃそこで全員殺されちまう。だから俺は固形を1キロ食うんだよ。

土嚢のように乳酸菌の死骸が積み上がってよ。地獄のような有様。しかし乳酸菌が1匹でも腸に上陸できれば彼らはそこで増えることができる。ヨーグルトだけじゃない。キムチやぬか漬けも喰って植物性乳酸菌の援軍を送る。彼らは強いぜ。悪玉菌は青ざめている。酒？ そんな毒はもう週二か週一でしか飲んでねえ。ツマミはきんぴらゴボウや酢の物、切り干し大根とかそういうモノ。焼肉？ 刺身？ メジャーレーベルの馬鹿なA&Rが若手のモチベーションを上げるために連れて行く店じゃねえんだよ！ そんなもんは一生食わなくていいぜ。食物繊維は善玉菌のiPhoneになる。これも1キロほど投入しとく。便が詰まらねえようにエクストラバージンオリーブオイルも少し飲んどく。今でも週に一度は5リットルくらい酒飲んでパーティーしているが二日酔いとは無縁だ。シャキッと目覚めて蛇のような大便をする。毎朝納豆を一億回混ぜるから太くなった手首。悪玉菌は完全に戦意喪失。さっき乳酸菌が来たと思ったらすぐに納豆菌が突っ込んでくる。憔悴し切っているところに悪いが、次は味噌汁が行くぜ。耐えられるかな？ 昼食はバナナ。お前ら終わったな。可哀想だから夜はホルモン焼きでも行くか？ キムチとナムルしか食わねえけどな。

〆にギトギトの長浜ラーメンを5回替え玉しても俺の腸はビクともしない。極悪豚骨スープでもひとたび僕の腸に入れば一瞬で、否、二瞬で分解されてしまうのだ。三瞬で吸収。四瞬で便として体外に放出されている。

日和見菌達は車座になって「どーする？ どーする？ でもどっちもどっちだよね」一生そうやって生きていってください。いや、死んでいってください。誰もが気づいたら便器の中。しかし僕は善玉菌を支援せずにはいられない。悪玉ツマミを食べながら悪玉チューハイを飲んで壁掛けテレビの中で発言するタレントに向かって「カーッ……まったく」そんな老人になりたくねえ。俺は居酒屋に行って二千円使っても五十万円分の閃きを得て帰ってくる。馬鹿っツラぶら下げて開き直ってボーッと飲んでいるクラゲ野郎じゃない。髪を短く刈り上げて、吸っちゃいけねえタバコをふかして獲れたての鯛を捌きながら「やるなら今しかねえ」と口癖のように呟くオヤジになりたいんだよ。腸の中は今も戦争中。だけど俺は「まあまあまあまあ」なんて笑ってなだめるようなことはしない。善玉菌を焚きつけて煽る。「お前らこんな腸に納得してないだろ？」って。だから僕はパリッコさんやナオさんと二十軒ハシゴしても大丈夫。ヤベー勢いでスゲー盛り上がってベロベロで肩組みながら歩いて偉そうな東京に馬鹿野郎って言ってやる。そして次の日もシャキッと目覚めて蛇大便。

1杯目CONTRIBUTOR

泡☆盛子 AWA,Moriko
ライター。お膳にのせるもののことばかり考えている。無人販売巡りと鴨の餌付けが好き。

石山さやか ISHIYAMA,Sayaka
イラストレーター、漫画家。著書に『サザンウィンドウ・サザンドア』（祥伝社）がある。

イーピャオ YIPIAO
ライター。『少年ジャンプ』記事「WEEKLY週ちゃん」連載中、漫画原案に『とんかつDJアゲ太郎』（漫画：小山ゆうじろう）。

今野亜美 IMANO,Ami
「嗜む程度に楽しみたい」と思いつつ、ついつい…。これが私の今後の課題です。

香山哲 KAYAMA,Tetsu
日々地道に、好きな漫画や文章やコンピューターゲームを作っています。

古賀及子 KOGA,Chikako
『デイリーポータルZ』編集部所属のサッポロビール「麦とホップ」原理主義者。せっかち。

スケラッコ SUKERACKO
銭湯と猫に夢中です。

スズキナオ SUZUKI,Nao
大阪在住のフリーライター。最近はノンアルコールビールにヘルシア緑茶を足して飲んでいる。

清野とおる SEINO,Toru
漫画家。代表作は「東京都北区赤羽」シリーズ。現在は「東京怪奇酒」連載。

たけしげみゆき TAKESHIGE,Miyuki
インディーズ出版物のお店「シカク」代表。よく飲む場所は大阪の西九条。

玉置標本 TAMAOKI,Hyohon
週に一度は身近な動植物を捕まえて食べるライター。同人誌『趣味の製麺』編集長。

戸塚泰雄 TOTSUKA,Yasuo
本のデザインなど。『10年メモ』『なnD』発行。

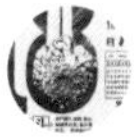

ノセレーナ NOSEREINA
ビールとイラストを愛する新橋のOLラッパー。Twitter：@reina017nose

パリッコ PARICCO
酒場ライター。約3か月ひたすらに家でだけ飲んでいたのにぜんぜん飽きない酒すごい。

平民金子 HEIMIN,Kaneko
台所研究家。写真を撮ったり文章を書いたりしています。私はとてもおすすめです。

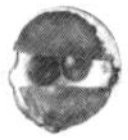

宮崎希沙 MIYAZAKI,Kisa
カレー好きグラフィックデザイナー。zine『curry note』がライフワーク。

メテオ METEOR
民衆の最後の弟子と呼ばれているラッパー。最新作に〝METEOR&CHIN-HURTZ〟等。

山琴ヤマコ YAMACOT,Yamaco
市井の飲酒家。関西在住。基準値ちょいオーバーの尿酸人（にゅうさんちゅ）。缶チューハイは7％派。

夢眠ねむ YUMEMI,Nemu
「夢眠書店」店主。書店経営と並行して「たぬきゅん」と仲間たちのプロデュースを手掛けている。

ラズウェル細木 ROSWELL HOSOKI
酒とジャズを愛する呑兵衛な漫画家。2012年手塚治虫文化賞短編賞受賞。山形県米沢市観光大使。

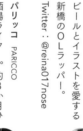

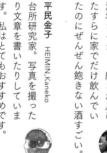

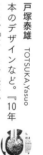

イラスト：石山さやか

パリッコ

1978年東京生まれ。酒場ライター、漫画家／イラストレーター、DJ／トラックメイカー、他。酒好きが高じ、2000年代後半よりお酒と酒場に関する記事の執筆を始める。著書に『酒場っ子』（スタンド・ブックス）、『つつまし酒 懐と心にやさしい46の飲み方』（光文社新書）、『ほろ酔い！物産館ツアーズ』（ヤングキングコミックス）、『晩酌百景 11人の個性派たちが語った酒とつまみと人生』（シンコーミュージック・エンタテイメント）、スズキナオとの共著に『酒の穴』（シカク出版）、『椅子さえあればどこでも酒場 チェアリング入門』（ele-king books）、『“よむ”お酒』（イースト・プレス）がある。

スズキナオ

1979年東京生まれ、大阪在住のフリーライター。WEBサイト『デイリーポータルZ』、『メシ通』などを中心に執筆中。テクノバンド「チミドロ」のメンバーで、大阪・西九条のミニコミ書店「シカク」の広報担当も務める。著書に『深夜高速バスに100回ぐらい乗ってわかったこと』（スタンド・ブックス）、パリッコとの共著に『酒の穴』（シカク出版）、『椅子さえあればどこでも酒場 チェアリング入門』（ele-king books）、『“よむ”お酒』（イースト・プレス）がある。

パリッコ／スズキナオ
のみタイム 1杯目 家飲みを楽しむ100のアイデア

2020年8月23日　初版発行
2020年9月10日　２刷発行

編集発行者　森山裕之
発行所　株式会社スタンド・ブックス
〒177-0041　東京都練馬区石神井町7丁目24番17号
Tel 03-6913-2689　Fax 03-6913-2690
stand-books.com　info@stand-books.com
印刷・製本　中央精版印刷株式会社

ISBN 978-4-909048-09-7 C0095　JASRAC 出 2006130-001